AF453901

ÉTUDES

SUR

L'ÉLECTRO-DYNAMIQUE

ET L'ÉLECTRO-MAGNÉTISME.

AVIS.

La première édition de cet ouvrage a paru il y a près de cinq ans avec le titre : « *De l'importance du Renversement alternatif du Courant dans les électro-aimants. — De sa théorie et de ses applications scientifiques et industrielles. — Avantages du système à armature aimantée.* » Destinée à prendre date, elle n'a été tirée qu'à un très-petit nombre d'exemplaires qui ont été distribués par l'auteur.

ÉTUDES

SUR

L'ÉLECTRO-DYNAMIQUE

ET L'ÉLECTRO-MAGNÉTISME.

IMPORTANCE

DU PRINCIPE DU RENVERSEMENT ALTERNATIF DU COURANT

DANS LES ÉLECTRO-AIMANTS

PAR

M. GLOESENER

Docteur en sciences physiques et mathématiques,
Professeur et ancien recteur de l'Université de Liége,
Membre de l'Académie royale des sciences, des lettres et des beaux-arts de Belgique,
Membre fondateur de la Société royale des sciences de Liége,
Officier de l'Ordre de Léopold, etc.

Seconde édition considérablement augmentée.

BRUXELLES

F. HAYEZ, IMPRIMEUR DE L'ACADÉMIE ROYALE DE BELGIQUE

1873

ÉTUDES

SUR

L'ÉLECTRO-DYNAMIQUE

ET L'ÉLECTRO-MAGNÉTISME.

PRÉFACE.

Cet ouvrage résume certaines recherches que j'ai faites sur l'électricité dynamique et l'électro-magnétisme. J'aurais pu donner de longs développements à ces études qui datent de loin, et entrer dans des détails infinis sur mes expériences, car la voie de l'électro-magnétisme, qui nous révèle encore tant de secrets, était, on le sait, à peine explorée à mes débuts. Mais j'ai voulu seulement mettre en regard les recherches préliminaires expérimentales, la théorie qu'elles m'ont amené à découvrir et les avantages si importants du Principe que j'ai été assez heureux pour trouver.

En concentrant l'attention sur le point capital, le Principe lui-même, j'ai dû laisser à l'écart le détail des applications variées dont il est susceptible. Toutefois l'importance des résultats acquis et confirmés par une extension qui s'accroît chaque jour, permet de préjuger l'avenir qui lui est réservé, quand on réfléchit que les horizons déjà si vastes de l'électricité viennent à peine de nous être entr'ouverts.

Cette publication, en satisfaisant à un besoin qui m'a été signalé par d'illustres et honorables amitiés, appréciant les services que cette découverte est appelée à rendre, sera donc utile, je l'espère, aux savants, malheureusement en nombre encore très-restreint, malgré les beaux travaux d'éminents physiciens qui cherchent à pénétrer les mystères de cette branche si féconde et si merveilleuse de l'électricité, ainsi qu'à tous ceux qui manquent d'une base sûre et solide pour les applications de la théorie que j'ai préconisée dans mes ouvrages antérieurs. Trop souvent, en effet, et cela au détriment de la science, des hommes, d'ailleurs fort intelligents, mais manquant d'études préliminaires suffisantes, laissent passer inaperçues des particularités remarquables, ou du moins ne sont pas en mesure de tirer parti de leurs observations.

L'importance toujours croissante du sujet m'imposait donc, en quelque sorte, le développement des idées scientifiques qui s'y rapportent, émises d'abord dans les *Mémoires de la Société royale des Sciences de Liége*, dans les mémoires que j'ai adressés à l'Institut de France, puis publiés dans mes *Recherches sur la télégraphie électrique* et dans mon *Traité général des applications de l'électricité*.

Enfin, pour fortifier les convictions du lecteur, je me suis permis de citer en faveur de ma théorie le témoignage d'autorités compétentes célèbres et incontestées. Puisse ce travail atteindre son but et faire quelque bien.

SECTION I.

Étude expérimentale des actions réciproques des conducteurs électro-dynamiques et des questions dont les solutions ont conduit M. Gloesener à découvrir un principe général à suivre dans les applications de l'électricité dynamique.

---

§ I

Expériences variées faites avec un appareil inventé par M. Gloesener à cet effet et nommé par lui *Pan-électro-magneticum*, sur les actions réciproques des conducteurs électriques, les uns fixes et les autres mobiles, ainsi que sur l'action réciproque des conducteurs et d'aimants artificiels.

Dès ma jeunesse, enthousiasmé par les admirables découvertes en électricité du commencement de ce siècle, j'avais fait de cette branche de la physique l'objet de mes études de prédilection. J'avais écrit à ce sujet plusieurs mémoires qui m'avaient valu l'approbation et les témoignages les plus précieux de la bienveillance de savants illustres tels qu'Ampère et Oersted, ainsi que celles de plusieurs corps savants.

J'avais donc déjà fait nombre de recherches sérieuses et intéressantes lorsque, vers 1837, préoccupé de l'électro-magnétisme comme force motrice, j'ai été assez heureux pour découvrir et appliquer immédiatement le principe si simple et si fécond du renversement alternatif du courant électrique dans les électro-aimants.

1

On verra plus tard que la découverte de ce principe est la base de mon système d'armature aimantée supprimant le ressort antagoniste indispensable dans tous les électro-aimants, système dont la portée est telle que malgré les résultats nombreux et considérables acquis jusqu'à ce jour, on ne peut en limiter l'étendue (1). Voyons d'abord par quels moyens et comment mes recherches m'ont conduit à le découvrir.

Dans le but de démontrer d'une manière moins compliquée et plus complète que ne le permettaient la table d'Ampère ou les différents appareils dont on se servait, tous les phénomènes électro-magnétiques et électro-dynamiques, je construisis d'abord un appareil simple et d'un petit volume auquel je donnai le nom de *Pan-electro-magneticum*, ou *appareil général électro-magnétique* (2).

Il réunissait des avantages précieux qu'il n'a pas perdus : 1° il est plus simple, puisqu'il réunit plusieurs appareils en un seul ; 2° il est plus économique ; 3° il sert aussi pour toutes les expériences de rotation et rend possibles, dans tous les sens, sans parties accessoires, les mouvements des conducteurs mobiles qui s'arrêteront dans des positions fixes, avantage réel, qu'aucun appareil de ce genre ne possède encore aujourd'hui ; 4° l'appareil permet de suspendre toutes les figures qui devront se mouvoir et est, par conséquent, comme plusieurs expériences me l'ont démontré, plus sensible que si les conducteurs mobiles devaient se mouvoir sur des pivots. La différence, qui est assez grande, peut être reconnue, si le même conducteur, traversé par le

(1) « Système auquel, comme nous le dirons en parlant de ses télé-
» graphes (de M. Gloesener), est peut-être réservé un avenir immense dans
» les applications de l'électricité, et dont profitent déjà quelques construc-
» teurs, mais sans avouer qu'ils en doivent l'idée au professeur de Liége. »
(Extrait de l'*Électricité*, par M. M.-F. DE CASTRO, t. Ier, Paris, 1859. Ouvrage publié par ordre du gouvernemént espagnol.)

(2) Voir les *Mémoires de la Société royale des sciences* de Liége, fondée en 1835, t. Ier, pp. 195 et suivantes, pl. V, fig. 1 à 18. Liége, F. Oudart, 1845. (Ce volume était resté plusieurs années entre les mains du secrétaire général, puis de l'imprimeur.)

même courant, est disposé de manière à pouvoir être fixé sur son axe au moyen de la colonne triangulaire en bois F.

L'utilité que cet instrument peut encore offrir m'engage à en reproduire ici la description :

Supposons que DD soit un disque en acajou ou autre bois sec de 2 à 3 centimètres d'épaisseur et de 24 à 25 centimètres de diamètre, percé à son centre d'un trou circulaire, auquel on ajuste une tige de 3 millimètres de diamètre, recourbée à angle droit en dessous du disque et munie d'une vis de pression, tandis qu'à l'autre extrémité on visse à volonté une petite coupe ou capsule en cuivre C ou bien une grosse tige en cuivre, d'un centimètre de longueur, terminée par une petite coupe.

La capsule C, qui peut être enlevée et remplacée par la colonne OO, est entourée d'un tube de verre très-court t auquel est mastiqué un godet en cuivre C′ qui communique par un fil à travers le disque DD avec la vis de pression c', de telle sorte qu'un petit fil de cuivre plongeant par ses deux bouts dans du mercure en C et C′, un courant électrique qui entrerait par C reviendrait par C′ et vice versà.

A la circonférence du disque est creusée une rigole circulaire RRR, qui peut recevoir du mercure et communiquer avec une pile galvanique à l'aide d'un fil r en cuivre, muni d'une vis de pression r'.

Le disque est porté sur trois vis à caler VVV et porte à son tour deux bandes de cuivre S et S′, dans lesquelles on insère deux colonnes cylindriques en bois E et E, maintenues par une barre prismatique K. Celle-ci est percée dans son milieu et traversée par un tuyau en cuivre PPP, à l'extrémité supérieure duquel on ajuste une pièce en cuivre avec deux montants b et b sur lesquels repose un fil en cuivre aplati en e. Autour de celui-ci s'enroule un fil de soie ou un assemblage de fils de soie non tordue traversant le tuyau et ayant un crochet en cuivre à son extrémité a. Au bas du tuyau sont adaptées deux coupes en cuivre, l'une C″ soudée à sa surface extérieure, et l'autre C‴ mastiquée à un tube en verre YY, glissant sur le tuyau PP afin de pouvoir écarter à volonté les deux coupes C‴ et C″ l'une de l'autre. La coupe C‴ communique, à l'aide d'un fil $q‴$ longeant le tube et portant à son extrémité un petit godet rempli de mercure, avec l'un des pôles d'une pile voltaïque, tandis que le tuyau même recevra l'électricité de l'autre pôle par le fil $q″$ et la conduira dans la coupe C″ également remplie de mercure.

A la colonne E se trouve un cylindre mobile A′ avec vis de pression auquel est ajusté un gros fil de cuivre $a′a″$; celui-ci porte un pivot b à sa surface supérieure, un fil recourbé et terminé en pointe $b′$ à sa surface inférieure et un axe horizontal $p′p″$ de manière qu'on peut placer successivement une aiguille aimantée sur les pivots b et $b′$ et une aiguille se mouvant dans un plan vertical sur les deux extrémités de l'axe $p′p″$.

Une bande en cuivre S′, fixée en dessous du disque DD, porte un montant g en bois, dans lequel on insère une colonne prismatique en bois F, de manière à ce que, maintenue en haut par la traverse K′, elle puisse tourner autour de son axe XX.

Une pièce en cuivre G mobile sur la colonne F peut être fixée à toute hauteur à l'aide de la vis de pression v : on y visse une tige en cuivre H traversée en h par une vis $t′v′$. Celle-ci présente à son extrémité inférieure une petite concavité dans laquelle on fixe une chape d'agate ou d'acier dur : elle est entourée d'un tube en verre $t′$ auquel on mastique le godet en cuivre G′, où plonge le conducteur c_1c_1 fixé à la tige H, et longeant le tube de manière à ce qu'il ne puisse empêcher la rotation du petit arc en cuivre $c″$, qui communique avec une des extrémités d'un conducteur mobile, l'autre étant en communication avec la capsule C′.

Voici les indications de quelques-unes des expériences que j'ai faites avec cet appareil, dont l'usage peut être bien étendu :

1° Action d'un conducteur fixe sur un aimant mobile.

2° Action d'un conducteur fixe sur un aimant mobile démontrée d'une autre manière.

3° Action de la terre sur un courant circulaire ou rectangulaire vertical.

4° Rotation d'un conducteur mobile par un aimant fixe.

5° Rotation d'un aimant autour d'un conducteur fixe et vice versâ.

Rotation d'un aimant autour de lui-même ou de son axe et d'un aimant et d'un conducteur bien liés ensemble autour de l'axe du premier.

6° Rotation d'un conducteur horizontal par un aimant fixé, par la seule influence de la terre ou par un autre conducteur horizontal et circulaire.

7° Action de la terre sur un conducteur vertical mobile.

8° Action réciproque des courants électriques.

9° Mouvement de rotation d'un conducteur vertical par l'action d'un conducteur horizontal.

10° Anneaux de Nobili.

Parmi ces expériences, on remarquera qu'il en est qu'on ne peut faire avec la table d'Ampère et d'autres qu'elle ne permet pas de faire d'une manière complète.

§ II

Exposition de divers appareils électro-moteurs imaginés et construits par M. Gloesener pour résoudre les questions : 1° Comment doit-on employer le courant électrique dans les électro-aimants des électro-moteurs de diverses natures pour tirer de la force électrique tout le parti possible? 2° Pourquoi les électro-aimants animés par un courant sont-ils relativement très-puissants lorsqu'ils sont en contact avec leurs armatures et sont-ils d'une puissance sensiblement moindre s'ils agissent à distance?

Ce sont les expériences décrites dans le paragraphe précédent qui m'amenèrent tout naturellement à la construction de trois petits appareils, où par le moyen de commutateur, à mercure ou à lames de cuivre, *je changeai la direction du courant en le renversant deux fois pendant un tour entier de l'électro-aimant.*

J'appelai le premier : *moulinet horizontal ;* le deuxième : *moulinet et boussole électro-dynamiques ;* et le troisième : *moulinet et boussole électro-magnétiques verticaux.*

Dans le *moulinet horizontal* (1), les deux bouts du fil de

(1) Voir les *Mémoires de la Société royale des sciences de Liége*, t. Ier, pl. V, fig. 19.

l'électro-aimant étaient recourbés et touchaient au mercure con-
tenu dans un godet circulaire G, fixé par trois vis au centre d'un
trépied et divisé en deux compartiments égaux par de petites lames
de bois sec un peu concaves à leur milieu. Deux fils a, b, a', b',
avec vis de pression fixées au godet recevaient les électricités de
la pile et la conduisaient dans les deux compartiments du godet :
tel était le *commutateur* (1). Cet appareil était assez sensible pour
prendre un mouvement de rotation par la seule influence du magnétisme terrestre et reste excellent comme instrument de
démonstration pour des cours publics ou d'enseignement supérieur. On continue à s'en servir chaque année depuis 1840 dans
le cours de physique expérimentale de l'Université de Liége.

Pour éviter l'emploi du mercure, dans le *commutateur*, je colle
autour de l'axe de rotation une couche mince de gutta-percha et
j'ajuste sur cette couche un anneau en cuivre rouge que je par-
tage en deux, A et B faisant communiquer avec chacun de ces
demi-anneaux un des deux bouts du fil d'un électro-aimant.
Deux lames-ressorts élastiques en cuivre, l'une en rapport métallique avec le pôle positif et l'autre avec le pôle négatif d'une pile,
frottent chacune tour à tour sur ces demi-anneaux, pendant que
l'électro-aimant tourne.

Dans le *moulinet et boussole électro-dynamiques* (2), j'avais
remplacé l'électro-aimant par un solénoïde.

Enfin, le *commutateur du moulinet et boussole électro-magnétiques verticaux* (5) portait, fixé sur un axe G, un cylindre
creux en ivoire, et sur celui-ci, à l'aide de petites vis, quatre
demi-cercles coupés en biseau, et isolés les uns des autres, de
telle sorte que le premier et le troisième sont au-dessus, si les
deux autres sont au-dessous, et que le premier et le second
plongent alternativement dans du mercure d'un compartiment,
le troisième et le quatrième plongeant de même alternativement

---

(1) Ou *changeur*, le premier qui ait été construit.

(2) **Voir** les *Mémoires de la Société royale des sciences de Liége*, t. Ier,
pl. V, fig. 20.

(5) *Idem*, pl. V, fig. 21.

dans du mercure de l'autre compartiment d'un godet en bois fixé, à l'aide d'une vis, à la colonne C′.

Le mercure doit être à la même hauteur dans les deux parties du godet, et les formes et la position des ailes doivent être telles, que les unes sortant du mercure, les autres y entrent immédiatement et à la fois. Sur l'axe G on fixe les deux électro-aimants en croix enveloppés de fil isolé, tourné dans le même sens sur les deux lames et l'on fait communiquer un bout de ce fil aux ailes 1 et 4 et l'autre bout aux ailes 2 et 3.

Désormais, *le principe de renverser alternativement le courant dans les électro-aimants était trouvé* et je résolus *d'appliquer immédiatement la force double qui en résultait dans le but de construire un électro-moteur,* c'est-à-dire de condenser et de diriger la force électrique de manière à lui faire produire des effets mécaniques utiles. Je commençai par étudier l'action réciproque d'un électro-aimant et d'un aimant artificiel. Voici comment je m'y pris :

Sur l'un des bras d'un levier droit horizontal, je fixai un électro-aimant recourbé, au-dessous duquel je plaçai un fort aimant artificiel à deux branches dont les pôles correspondaient à ceux de l'électro-aimant. Sur l'autre bras du levier, je suspendis un contre-poids au moyen d'un anneau que je pouvais à volonté éloigner ou rapprocher du point fixe. L'aimant était porté par un petit cric qui permettait de le soulever ou de l'abaisser, tandis que des vis d'arrêt, fixées de part et d'autre à égale distance de la position horizontale du levier, pouvaient l'arrêter s'il parvenait à osciller.

Or, lorsque je fis passer un courant assez intense par l'électro-aimant, je pus facilement mesurer la distance à laquelle l'attraction réciproque de l'aimant artificiel et de l'électro-aimant inclinait ce dernier ; mais quand je voulus le faire remonter par la seule répulsion des mêmes organes, en changeant la direction du courant, je ne réussis pas. Ne renonçant cependant pas à produire le mouvement oscillatoire, je disposai les organes de manière à ce que la répulsion des deux pôles n'agît pas seule, mais qu'elle fût aidée par l'attraction simultanée des deux pôles contraires.

Sur les deux bras d'un autre levier horizontal de peu de poids, je fixai deux légères palettes d'acier recourbées, bien aimantées, l'une à gauche et l'autre à droite du poids fixe; je plaçai ensuite au-dessous de chacune d'elles, un électro-aimant, dont les fils communiquaient ensemble de telle manière que le circuit étant établi, l'électro-aimant a attirait l'aimant voisin b, tandis que l'électro-aimant c repoussait en même temps l'aimant d placé près de lui et réciproquement. Lorsque le levier fut arrivé en contact avec les vis d'arrêt, je renversai la direction du courant. Je vis alors se produire le mouvement contraire, c'est-à-dire que l'aimant b était repoussé et l'aimant a attiré et le mouvement oscillatoire s'exécuta alors d'une manière fort régulière avec une grande vitesse, aussitôt que je renversais rapidement le courant.

Cet appareil, qui eût parfaitement convenu pour télégraphier, soit avec des aiguilles, soit avec des cadrans alphabétiques, soit avec des molettes ou plumes, ne pouvait, dans ses dimensions trop restreintes, comme électro-moteur énergique, produire d'effet utile notable.

Pour obtenir un électro-moteur plus puissant, je contruisis trois autres modèles, dont deux d'après mon renversement alternatif du courant avec armature aimantée, dont le principe venait de m'être découvert par le succès de cette dernière expérience, et un avec interruption du courant, afin de pouvoir en comparer les effets.

1° *Le premier modèle*, qui était celui à interruption du courant, consistait en deux électro-aimants rectilignes fixés à angle droit l'un sur l'autre et sur un axe horizontal commun; en un interrupteur ajusté sur l'axe et transmettant tour à tour dans l'un et dans l'autre électro-aimant, le courant d'une pile de Grove de six éléments, et en deux aimants artificiels superposés avec leurs pôles de même nom en contact et composés chacun de cinq lames. L'axe était muni d'une dent qui soulevait un levier armé d'un martinet. Ce martinet, chargé de poids, frappait 60 coups par minute sur une enclume, et l'effet produit était d'un kilogramme élevé à la hauteur de quatre centimètres par seconde ou de 40 grammes élevés à la hauteur d'un mètre.

Cette disposition donnait un résultat moindre que celui de l'appareil précédent d'après le système du renversement alternatif du courant.

La comparaison de la marche des deux systèmes me démontra à l'évidence combien le magnétisme rémanent est nuisible dans les électro-moteurs, surtout lorsque le courant est intense. J'étais même obligé de laisser une distance de quelques millimètres entre les aimants artificiels et les électro-aimants pour que le mouvement ne s'arrêtât pas.

Ces expériences, tant de fois répétées, me prouvèrent d'une manière incontestable que le système du renversement alternatif du courant était de beaucoup préférable au système de l'interruption du courant. J'y reconnus que le courant renversé, tout en détruisant le magnétisme rémanent, c'est-à-dire une résistance, développait dans l'électro-aimant une force nouvelle qui imprimait à l'organe mobile un mouvement d'une puissance et d'une utilité égales à celles produites par le mouvement direct.

2° *Le deuxième modèle*, qui était à rotation, je le construisis, en conséquence, d'après le principe du renversement alternatif du courant. Il se composait d'un électro-aimant droit, mobile sur un axe vertical, de deux aimants artificiels recourbés et d'un *commutateur* à mercure renversant le courant quatre fois pendant un tour entier de l'électro-aimant. Le godet contenant le mercure était recouvert de deux morceaux de verre, laissant entre eux, près de l'axe de rotation, un espace vide suffisant pour que les deux bouts du fil conducteur puissent plonger dans le mercure. L'effet produit par cet appareil était d'un kilogramme élevé à la hauteur de 40 centimètres par seconde ou de 400 grammes élevés à la hauteur d'un mètre par seconde.

3° Enfin, *le troisième modèle d'électro-moteur*, également à rotation construit d'après ce même principe du renversement du courant et d'armature aimantée, comprenait six électro-aimants fixes qui formaient des aimants artificiels ou permanents, le courant n'étant pas interrompu, et six électro-aimants mobiles dans lesquels il était alternativement renversé six fois par rotation entière du *commutateur* mobile; trois fois il allait dans un sens et trois fois dans le sens opposé. Les six électro-aimants fixes étaient solidement adaptés à égale distance, à l'intérieur des jantes d'une forte roue en bois, et les six électro-aimants correspondant aux six fixes étaient ajustés symétriquement sur un cylindre en bois adapté à l'axe de rotation sur lequel le commutateur était monté.

L'effet de ce troisième modèle fut d'un kilogramme élevé à la hauteur de 70 centimètres par seconde ou de 700 grammes élevés à la hauteur d'un mètre par seconde.

Son *commutateur*, que j'appelais *changeur* (1), m'a si parfaitement servi dans un grand nombre d'expériences, que je crois devoir en donner la description, ainsi que celle d'un autre commutateur plongeant dans du mercure.

Il se compose : 1) d'un disque en cuivre de deux millimètres d'épaisseur, replié d'un centimètre environ à sa circonférence et fixé, à l'aide de petites vis de pressions en cuivre, contre un disque en bois très-sec ou mieux contre un disque en ivoire ou en verre. 2) De deux lames ou ressorts en cuivre, qui, fixées sur un pied en bois, communiquent par une de leurs extrémités, avec les deux pôles d'une pile voltaïque, en s'appuyant par l'autre extrémité recourbée sur la circonférence du disque en mouvement. Les disques en cuivre et en ivoire sont percés à leur centre commun et fixés sur un cylindre creux en ivoire, qui est à son tour porté par l'arc horizontal en acier, destiné à être mis en mouvement.

On divise le disque en cuivre et sa circonférence en un nombre de parties égales au nombre de fois qu'on veut changer la direction du courant électrique pour chaque révolution entière de l'axe : par exemple, en deux parties égales, si l'on veut changer la direction du courant deux fois par rotation entière, c'est-à-dire si l'on veut employer un seul aimant fixe et un seul électro-aimant; et en trois secteurs égaux si l'on veut employer trois aimants fixes et trois électro-aimants mobiles ou réciproquement.

(1) Voir les *Mémoires de la Société royale des sciences* de Liége, tome II, 1re partie, p. 489. Liége, Dessain, avril 1845.

Le diamètre du changeur ou commutateur doit être proportionné au nombre des secteurs : pour six je lui ai donné la longueur de 8 centimètres en remplaçant, par de petites lames, les espaces vides, de trois millimètres d'épaisseur, qui séparent les secteurs les uns des autres. La circonférence doit être parfaitement unie et polie, de manière que l'axe étant en mouvement, les ressorts fixes en cuivre s'appliquent exactement et partout également sur le changeur.

Ceci admis, désignons les secteurs par les numéros 1, 2, 3, 4, 5, 6; appliquons deux petits anneaux en cuivre, de diamètres différents, à la surface extérieure du disque en ivoire; faisons communiquer l'un de ces anneaux, à l'aide de petites vis de pression en cuivre, avec les secteurs impairs et l'autre avec les secteurs pairs, et prenons les deux ressorts verticaux tels que l'un touchant sur un secteur impair, l'autre soit en contact avec un secteur pair, précisément pendant le même temps; de sorte que leurs extrémités passent dans le même instant de deux secteurs aux deux suivants. Les deux bouts du fil conducteur de l'électro-aimant devront communiquer l'un avec un secteur pair et l'autre avec un secteur impair du changeur, et y être fixés à l'aide de vis de pression. Voilà tout l'instrument propre à changer la direction des courants électriques et par suite les pôles des électro-aimants mobiles.

On voit sans peine que si l'on voulait employer pour force motrice l'action réciproque de 50 aimants fixes et de 50 électro-aimants, on devrait diviser le disque en cuivre en 50 secteurs égaux et lui donner par conséquent des dimensions en rapport avec ce nombre.

Dans le cas où l'on voudra changer la direction des courants dans des électro-aimants fixes et employer des aimants ordinaires à la place des électro-aimants mobiles, on fixera sur l'axe en acier à mettre en mouvement un cylindre en ivoire et sur celui-ci deux anneaux en cuivre qui, isolés l'un de l'autre, communiquent, à l'aide de deux fils en cuivre, l'un avec un secteur pair et l'autre avec un secteur impair du changeur. Contre ces deux anneaux presseront pendant le mouvement deux ressorts verticaux en cuivre, lesquels étant fixés sur un pied en bois, communiquent par leurs extrémités inférieures avec les deux bouts du fil ou des fils des électro-aimants fixes. Le courant électrique passera de la pile aux ressorts en contact avec l'appareil qui en change la direction et le transmet aux deux anneaux, lesquels le conduisent dans le fil des électro-aimants. En déplaçant petit à petit le changeur sur son axe, on reconnaît facilement par l'expérience la position à lui donner pour produire le maximum d'effet ou de vitesse.

Le *commutateur* ou *changeur* plongeant dans du mercure est composé de deux changeurs semblables à celui que nous venons de décrire et qui sont fixés sur l'axe à mouvoir à une distance de 2 à 3 centimètres l'un de l'autre, mais de manière que les secteurs qui portent le même numéro soient en regard et qu'en outre un secteur pair de l'un des changeurs communique avec un secteur impair de l'autre, à l'aide d'un gros fil en cuivre. Au-dessous de chaque changeur on fixe un petit vase en verre à parois relevées contenant un peu de mercure. Un des deux vases communique avec le pôle positif d'une pile, l'autre avec le pôle négatif. La quantité de mercure doit être telle que les deux secteurs qui portent le même numéro plongent à la fois et pendant le même temps dans le mercure, et que ceux-ci étant sortis, deux autres y pénètrent immédiatement et ainsi de suite. Ce dernier changeur produit, pour la même intensité du courant, plus de vitesse le premier; mais il est indispensable d'employer du mercure très-pur et de l'empêcher de s'échapper des vases en donnant à leurs parois des hauteurs suffisantes et des formes convenables. Cet appareil convient parfaitement pour étudier les raies dans le spectre-électrique, surtout si l'on remplace les secteurs par de gros fils terminés en pointes. Pour observer les raies, on n'a qu'à regarder les étincelles à travers un prisme en flint placé devant l'œil.

Ce fut avec ce *troisième modèle* d'appareil que, plus tard (1841 et 1842), je fis pendant des mois entiers de nombreuses expériences avec un mécanicien très-distingué et très-intelligent de Liége. Voici à quelle occasion : ce constructeur avait cru pouvoir s'engager à construire un électro-moteur de la force de trente chevaux et s'était adressé à moi, avec son associé, pour l'aider et lui indiquer les moyens de réaliser cette machine. Je devais proposer les appareils-modèles, diriger les expériences et les essais, qui devaient rester secrets, et lui se chargeait de la construction des appareils.

Ce modèle fut soumis à différents essais. La pile employée se composait de six éléments neufs de platine; trois des éléments aimantaient d'une manière permanente, les six gros électro-aimants fixes, à deux branches chacun et recouverts de fil de cuivre de deux millimètres de diamètre, les trois autres éléments aimantaient les six électro-aimants mobiles recourbés et recouverts aussi d'un fil de cuivre de même diamètre; chacun des pôles de ces électro-aimants se trouvait constamment pendant le mouvement de l'appareil entre deux pôles fixes de nom contraire et par suite était constamment attiré par l'un et repoussé par l'autre. Il y avait, par conséquent, douze attractions et douze répulsions conspirantes et simultanées, qui imprimaient en commun un mouvement aux électro-aimants mobiles. Un instant avant que les électro-aimants mobiles arrivassent en regard des électro-aimants fixes, le courant était renversé dans tous à la fois et ils étaient de nouveau attirés et repoussés chacun dans le même sens : les électro-aimants qui avaient attiré repoussaient et ceux qui avaient repoussé attiraient, et forcément tout le système mobile continuait à tourner dans le même sens qu'avant le renversement du courant.

La combinaison de l'appareil que j'employai reposait évidemment sur des principes dictés par la science; malheureusement l'exécution laissait beaucoup à désirer. Le nombre des électro-aimants employés aurait aussi dû être plus grand et partant l'espace vide entre chaque électro-aimant fixe et chaque électro-aimant mobile en regard, aurait dû être plus petit. Néanmoins, l'appareil marchait régulièrement et avec une grande vitesse, mais il était impuissant à soulever un poids de quelques kilogrammes à la hauteur d'un mètre en quelques secondes. Je fus frappé du peu d'effet utile produit; mais l'essai répété plus de cinquante fois donnait toujours le même résultat.

Cependant le magnétisme rémanent était détruit par le renversement alternatif du courant; les deux extrémités du fil des électro-aimants mobiles étaient fixés au changeur (commutateur) adapté sur l'axe mobile de l'appareil et n'occasionnaient aucun frottement; les lames-ressorts seules, en communication avec les deux pôles de la pile, étaient en contact avec le commutateur; en sorte qu'il n'y avait d'autre résistance que celle de l'air et le frottement des tourillons de l'axe du commutateur contre leurs supports.

Pour quelles raisons mon électro-moteur, de dimensions relativement considérables, ne donnait-il que des résultats insuffisants?

L'impossibilité, dans l'état actuel de la science, de construire des électro-moteurs puissants, est due à plusieurs causes :

1. Les électro-aimants ne s'aimantent pas instantanément, mais seulement au bout d'un certain temps, très-court, il est vrai, et cependant appréciable; ils exigent ce temps encore plus long s'il s'agit de les aimanter à saturation. L'inertie ou force coercitive du fer, l'extra-courant inverse, l'extra-courant direct, le courant d'induction, le courant de retour sont autant de causes qui sont des obstacles au développement, dans le fer, de la force magnétique nécessaire. (Voir plus loin le détail des effets de ces différentes causes perturbatrices.) En appliquant mon principe du renversement alternatif du courant, on combat ou l'on détruit toutes ces causes avec un succès que constatait déjà la comparaison de mon modèle d'électro-moteur à interruption avec celui à renversement. Mais dans les cas où la puissance motrice doit être considérable, on comprend aisément que le moment écoulé entre deux inversions consécutives du courant est trop court pour que le renversement même ait le temps de développer son action et de donner tout ce qu'il peut produire. Toutefois, je dois faire observer que je n'avais à ma disposition qu'une pile composée de six éléments et que si j'eusse pu les doubler ou les tripler, l'action du renversement du courant eût été plus prompte, parce qu'elle eût été plus énergique et les effets de mon électro-moteur eussent été d'une importance réelle dans des applications exigeant une puissance déjà notable.

2. Les actions réciproques et conspirantes des électro-aimants fixes et mobiles sont évidemment d'autant plus grandes qu'ils sont placés plus près lês uns des autres. Or, à mesure que les électro-aimants mobiles s'approchent des électro-aimants fixes, la résultante de leurs actions réciproques devient de plus en plus oblique, par rapport à la direction du mouvement; par conséquent, la composante utile diminue de plus en plus et finit par devenir nulle au moment où les électro-aimants mobiles sont en regard des électro-aimants fixes; alors la composante nuisible est arrivée à son maximum et tend à retenir les électro-aimants mobiles en leur imprimant une secousse ou un choc très-vif.

3. La plupart des savants se font illusion sur la puissance des électro-aimants animés par un courant électrique; ils en jugent d'après les poids qu'ils peuvent porter en contact avec leur armature. Or, le principe « que l'action est égale et contraire à la réaction » est applicable à des forces qui résident dans les corps à des degrés invariables comme la pesanteur, mais non à des forces qui sont seulement développées dans les corps à des degrés variables. Il n'est pas applicable à un électro-aimant animé par un courant et en contact avec son armature ou assez proche pour qu'elle réagisse sur lui. Dans ce cas, le courant aimante l'électro-aimant et celui-ci décompose du magnétisme dans l'armature; ce magnétisme réagit sur l'électro-aimant, dans lequel il en développe une nouvelle quantité qui s'ajoute au magnétisme développé par le courant. Le maximum du magnétisme développé a lieu quand l'armature est en contact avec l'électro-aimant; il diminue à mesure que, petit à petit, elle est éloignée, et quand elle est à une distance telle qu'elle ne réagit plus du tout ou plus d'une manière sensible sur l'électro-aimant, le magnétisme développé dans celui-ci par un courant même relativement intense, ne produit plus que des effets d'une énergie assez ordinaire.

Ainsi, tandis que les électro-aimants possèdent une puissance portante très-grande à cause de la réaction de leur armature sur leur noyau de fer, ils exercent une action relativement faible à distance, lorsqu'ils n'agissent que par le seul magnétisme que le courant qui les parcourt y développe. Si leur action à distance paraît si faible, comparée à leur puissance portative, ce n'est pas qu'elle diminue plus rapidement que celle des aimants perma nents : l'une est régie comme l'autre par la loi de la raison inverse du carré de la distance, mais c'est parce qu'alors ils n'agissent que par le magnétisme que le courant seul y a développé. Or, dans les applications, les armatures ne sont presque jamais en contact avec leurs électro-aimants. Supposons que leur action réciproque soit égale à 1, à la distance de $\frac{1}{20}$ de millimètre; elle sera égale à $1 \times \frac{1}{4}$ à la distance de $2 \times \frac{1}{20}$ et égale à $1 \times \frac{1}{400}$ à la distance de 1 millimètre seulement, par conséquent 400 fois plus petit qu'à la première distance qui, ordinairement, est à plus d'un millimètre de son électro-aimant.

Nous voyons donc pourquoi les électro-aimants ne produisent que des effets relativement peu considérables, lorsque leur armature ne réagit pas ou ne réagit que peu, pour décomposer du magnétisme qui s'ajouterait à celui développé par le courant.

C'est M. Magnus qui, autant que je sache, a remarqué le premier la différence des effets que produit le même électro-aimant animé par le même courant, suivant qu'il est fermé par son armature ou qu'il agit ouvert, à distance du fer. J'ai fait de mon côté en 1841, et sans avoir eu connaissance des travaux de M. Magnus, une expérience non encore publiée et qui se rapporte à la même question. La voici :

Dans un disque de deux centimètres d'épaisseur et de dix centimètres de rayon, je fis pratiquer quatre fentes dans chacune desquelles je fixai verticalement un électro-aimant à l'aide d'une traverse de fer; ils formaient, par conséquent, à deux, un électro-aimant à deux branches, ouvert à son extrémité supérieure. — Au centre du disque en fer j'adaptai une colonne de laiton portant un électro-aimant droit mobile et un godet à mercure, où je changeais la direction du courant chaque fois que l'électro-aimant se trouvait en regard d'un des quatre électro-aimants fixes. Trois éléments Bunsen communiquaient avec les électro-aimants fixes et trois autres éléments de la même pile avec l'électro-aimant mobile. Je comptais exactement le nombre de tours qu'il décrivait par minute. Cette observation faite, je remplaçai les électro-aimants par quatre branches de quatre aimants recourbés, fixés chacun dans le sens de la fente ou rainure du disque en fer et, par suite, n'agissant que par un des pôles sur l'électro-aimant mobile. Chacun des quatre aimants mis en contact avec l'armature employée pour les électro-aimants supportait un poids de huit kilogrammes. Or, dans les deux expériences, les distances entre les pôles de l'électro-aimant mobile et ceux des électro-aimants fixes étaient précisément les mêmes que celles des pôles mobiles et des pôles des aimants permanents; l'électro-aimant mobile était parcouru par un courant de même intensité, et la vitesse de rotation était aussi rigoureusement la même dans les deux expériences.

Ainsi, je constatai que des aimants permanents pouvant porter huit kilogrammes et n'agissant que par un seul pôle, ont produit le même effet que des électro-aimants d'une puissance portante de seize kilogrammes. Il est probable que les électro-aimants fixes, tout en repoussant l'électro-aimant mobile, ont agi en même temps par attraction et diminué un peu la vitesse qui eût dû être plus grande dans le premier cas que dans le second.

Les considérations précédentes, ainsi que les effets des extra-courants et des courants d'induction indiqués plus loin, m'ont engagé à mettre les passages suivants dans le discours d'usage (1), que j'ai eu l'honneur de prononcer le 12 octobre 1847, dans la salle académique de l'Université de Liége, en qualité de recteur sortant, à l'occasion de la réouverture solennelle des cours.

« On a cherché, il y a peu d'années, et plusieurs personnes,
» même très-instruites, cherchent encore à construire, avec des
» électro-aimants, des machines assez puissantes pour remplacer
» les locomotives et les machines à vapeur.

» On peut, il est vrai, construire des électro-moteurs très-
» intéressants et dans beaucoup de cas infiniment utiles, par
» exemple, lorsqu'il s'agit de produire de très-grandes vitesses
» et de pouvoir se contenter de très-faibles puissances ; mais on

_____

(1) *Discours sur l'influence de l'étude de la physique sur le bien-être de l'humanité*, pp. 7 et 8. Liége, Desoer; 1847.

» eût épargné beaucoup de dépenses si l'on eût distingué les
» effets des électro-aimants en contact d'avec ceux qu'ils produi-
» sent quand ils sont en mouvement ou agissent à distance, et
» si l'on eût pris en considération les lois qui régissent l'inten-
» sité des courants électriques ainsi que les causes qui diminuent
» le développement du magnétisme par l'électricité. »

Ces lignes ont été imprimées il y a vingt-six ans et aujour-
d'hui même la science ne nous a pas encore appris à construire
des électro-moteurs *puissants;* elle nous enseigne néanmoins à
en monter qui peuvent être utiles dans un grand nombre de
cas. Ainsi l'électro-moteur de la force d'un demi-cheval-vapeur,
construit par M. Moore, est établi par l'*Electromagnetic and Elec-
troplate Company* à Birmingham, depuis un an et demi, et fonctionne pour polir des objets plaqués, des cuillères, des four-
chettes, etc. (1).

Le gouvernement autrichien a accordé à titre d'encouragement
une somme considérable à M. Kravogl, mécanicien distingué,
qui avait exposé, en 1867, à Paris, un électro-moteur dont le
rendement serait de 19 pour 100 (2), tandis que les anciens
électro-moteurs ne donnent que 3 pour 100. Il y a donc progrès,
mais il est faible et coûteux; par contre, les électro-moteurs qui
exigent peu de force et peu de vitesse, et même ceux qui de-
mandent peu de force, mais beaucoup de vitesse, ont été améliorés, et continuent tous les jours à se multiplier et à devenir
plus parfaits.

Mes expériences et mes essais décrits au commencement de ce
paragraphe m'ont donc été éminemment utiles en m'indiquant
des recherches à abandonner, leur voie étant infructueuse et ne
pouvant aboutir dans l'état de la science à cette époque, et en
me révélant, au contraire, d'autres études à poursuivre, des
appareils à perfectionner ou à remplacer par de meilleurs. Enfin
elles me conduisirent à découvrir un principe de la plus haute
importance et me démontrèrent à l'évidence la nécessité de son

(1) Voir Dingler, *Polytechnisches Journal,* vol. CLXXXIX, p. 8. Augs-
bourg 1868.

(2) Voir le journal *les Mondes,* vol. XV, p. 512. Paris, 1867.

emploi, principe applicable à tous les électro-moteurs en général et à une foule d'applications scientifiques et industrielles de l'électricité, savoir *le principe du système du renversement alternatif du courant électrique dans tous les électro-aimants*. La conclusion de ce que je viens d'exposer est que l'on doit regarder comme résolues les deux questions traitées dans ce paragraphe :

1° Comment doit-on employer le courant électrique dans les électro-aimants des électro-moteurs de diverses natures pour tirer de la *force électrique tout le parti possible*.

2° Pourquoi les électro-aimants animés par un courant sont-ils relativement très-puissants, lorsqu'ils sont en contact avec leurs armatures et sont-ils d'une puissance sensiblement moindre s'ils agissent à distance.

En conséquence il faudra renverser le courant électrique alternativement en sens contraire et jamais de manière qu'il y ait d'abord attraction et puis répulsion, mais toujours de telle sorte qu'il y ait attraction et répulsion combinées, simultanées et conspirantes.

En terminant ce paragraphe, je ne puis me dispenser de rappeler que mon appareil formé de deux légères palettes aimantées fixées sur un levier horizontal décrit page 10, et construit en 1857 (1), constituerait encore aujourd'hui un télégraphe à écrire parfait, si l'on ajoutait une molette ou plume. Il n'exigerait aucun réglage pour transmettre, même à des distances très-différentes; aucun mouvement n'y serait perdu, et le magnétisme rémanent y serait complétement paralysé.

____

(1) C'est un télégraphe d'une disposition toute semblable qui, avec un télégraphe à cadrans ou lettres et un télégraphe à aiguille, m'a valu, en 1855, à l'Exposition universelle de Paris, les suffrages du jury international.

SECTION II.

Exposition et développement de la théorie du Principe du Renversement alternatif du Courant électrique dans les électro-aimants (1).

---

§ I

Exposition raisonnée du Principe.

On a vu que ce sont les expériences citées pages 6 et 7 qui me firent faire la découverte du principe qui régit le renversement alternatif du courant dans les électro-aimants, principe fécond destiné, au moyen de mon système d'armatures aimantées dont il est la base, à remplacer universellement le procédé de l'interruption du courant dans les nombreuses applications de l'électricité.

La théorie de ce principe consiste dans la solidarité des attractions et des répulsions simultanées et conspirantes des pôles des électro-aimants sur les pôles contraires des armatures aimantées ou aimants permanents, et, réciproquement, des pôles des armatures aimantées ou aimants permanents sur les pôles des électro-aimants.

Les attractions et les répulsions ne doivent jamais avoir lieu successivement, mais toujours simultanément. J'ai constaté ce point capital dans mes premiers essais décrits plus haut. Ainsi, lorsque, dans l'expérience indiquée page 7, l'armature aimantée avait attiré de haut en bas l'électro-aimant et qu'ensuite je voulus faire remonter l'électro-aimant par la répulsion de l'armature sur lui, en renversant le courant dans le premier, je n'y parvins pas.

---

(1) Voir Ier volume de mon *Traité général des applications de l'électricité*, dans la partie théorique, § 12, pp. 70 et suivantes.

Si l'organe mobile était très-léger, on pourrait (dans certains cas seulement) réussir à le faire mouvoir, mais encore mal, si l'on compare ce mouvement à celui dû à l'attraction seule, toujours plus énergique que la répulsion (qui devient plus faible que l'attraction lorsque, en repoussant, elle décompose en même temps du magnétisme dans l'armature), et surtout si on le compare à celui dû à l'attraction et à la répulsion simultanées et conspirantes.

Il en ressort qu'il ne faudra jamais disposer les organes fixes et mobiles de façon que l'attraction seule produise le mouvement dans un sens et que le courant étant renversé, la répulsion, toujours plus faible que l'attraction, agisse seule sur l'armature aimantée. Dans mes *Recherches sur la télégraphie électrique*, publiées en 1855, on peut en voir le motif détaillé (1). Ce cas aurait lieu si un seul électro-aimant horizontal à deux branches se trouvait d'un côté d'une armature verticale également à deux branches.

Si les deux pôles de l'électro-aimant attiraient chacun un des pôles de l'armature, lorsque le courant le parcourt dans un sens, ces mêmes deux pôles agiraient chacun par répulsion sur un des pôles de l'armature aussitôt que le courant serait renversé en sens contraire. Il suffirait, dans cette circonstance, que l'armature ne fût pas assez légère et assez fortement trempée pour qu'il se développât entre elle et son électro-aimant une force attractive qui tendrait à la retenir. Cette disposition est désapprouvée par l'expérience. Elle devient meilleure lorsque l'on place un barreau de fer doux du côté opposé à l'électro-aimant, mais, ainsi améliorée, elle n'est pas encore à l'abri de tout reproche.

Il est essentiel de combiner les organes fixes et mobiles de telle sorte que l'une des conditions suivantes soit remplie : 1° que l'armature non aimantée soit attirée dans un sens et que le courant étant ensuite renversé, elle soit attirée en sens contraire. Dans ce cas, le courant agit successivement, il est vrai, mais par attraction seulement et jamais par répulsion. La puissance est

____

(1) Voir pp. 3 à 6,

alternative (voir la première disposition du § II, page 23 où le cas de cette théorie est parfaitement développé); 2° que l'armature aimantée soit déplacée par une attraction et une répulsion simultanées, solidaires et conspirantes dans un même sens, et qu'ensuite le courant étant renversé, elle soit déplacé en sens contraire de la même manière (voir la seizième disposition du § II, page 29). Dans ce cas, le courant agit par une attraction et une répulsion simultanées. La puissance étant conspirante, cette combinaison est beaucoup supérieure à l'autre et donne, dans toute sa plénitude, l'augmentation de force dont le principe du renversement du courant est la source.

Après la cessation du courant et pendant qu'il est renversé, il est utile, mais non pas nécessaire, de ramener l'armature en place, au milieu de l'espace qu'elle a à parcourir, à l'aide d'un moyen mécanique convenable, les deux pôles étant alors à égale distance des deux pôles d'un électro-aimant ou des quatre pôles des deux électro-aimants. Le pôle attractif agira, dès que le courant sera établi plus près des pôles des électro-aimants, et par conséquent, plus énergiquement que si l'armature n'avait pas été ramenée au milieu de sa position initiale ou de repos.

Comme on vient donc de le voir, mon principe du renversement alternatif du courant dans les électro-aimants m'a conduit à mon système d'armature aimantée et de suppression du ressort antagoniste en renversant le courant alternativement dans les électro-aimants convenablement placés pour qu'ils agissent toujours sur l'armature ou palette aimantée à saturation *par attraction et répulsion simultanées, solidaires et conspirantes.*

La conséquence de cè système est de développer au maximum la force motrice double ou de double effet que j'ai trouvée (1) dans le principe de renverser alternativement le courant dans les électro-aimants; il en résulte que le courant renversé a une force utile égale à celle du courant direct.

(1) Voir pp. 7, 8 et 9.

§ II

Dispositions diverses propres à employer le Principe du Renversement alternatif du Courant dans les électro-aimants de tous les électro-moteurs en général ou appareils scientifiques et industriels quelconques (système Gloesener).

Pour faire mieux comprendre la théorie du principe du renversement du courant électrique dans les électro-aimants, je ne puis mieux faire que de choisir parmi le grand nombre de dispositions auxquelles il se prête, et d'en décrire quelques-unes.

Elles sont toutes fort simples, d'une exécution facile, et permettent d'employer le renversement alternatif du courant électrique dans les conditions les plus variées, sans qu'il y ait guère à y apporter de changement notable.

Première disposition. — Je suspends verticalement une armature de fer doux à deux branches entre deux électro-aimants recourbés A et B que je fixe sur une planchette horizontale, de part et d'autre, à égale distance de l'armature. Le courant d'une pile passe par un fil a dans l'électro-aimant A et revient à la pile par un fil c; puis il va par un fil b dans l'électro-aimant B et retourne à la pile par le même fil c qui communique à la fois avec les deux bouts libres des fils a et b. La course de l'armature de fer doux est réglée par des vis d'arrêt, ainsi que cela doit être dans toutes les dispositions possibles.

J'ai réalisé cette construction dès 1846 (1) dans une horloge électrique (2). La disposition en est fort bonne, mais elle exige

(1) Cette disposition a été imitée en 1862 pour le Gouvernement belge, par un mécanicien du pays qui est devenu depuis fournisseur des horloges électriques de l'État. C'est par erreur, comme on le voit, que M. Vinchent, inspecteur général des télégraphes, a cru pouvoir la lui attribuer. En 1860, j'avais même fourni à ce mécanicien, comme je puis le prouver, un modèle d'horloge électrique avec mon renversement du courant, pour la construction d'un appareil semblable que je lui avais commandé.

(2) Voir mon *Mémoire à l'Institut de France.* — *Physique appliquée.* 1848, et le *Traité de télégraphie électrique* de l'abbé Moigno, pp. 369 à 372. Paris, Franck, 1849, etc.

l'emploi de trois fils conducteurs ou de deux fils et de la terre; par conséquent, il faut, pour l'appliquer, dans le premier cas, des appareils où l'on n'ait pas à prendre le troisième fil en considération, comme, par exemple, dans les télégraphes et les horloges établis dans des maisons, des magasins, des hospices, des gares de chemins de fer, des établissements industriels, etc., etc. Si, au contraire, on s'en sert avec deux fils conducteurs et la terre, il n'y a pas à tenir compte de cette considération d'économie.

J'ai aussi construit d'après cette disposition un télégraphe à mouvement synchronique, avec deux fils seulement et la terre. La grande difficulté à vaincre fut de réaliser ce mouvement synchronique; difficulté commune à tous les télégraphes synchrones (1). Je n'ai pas essayé la transmission à mouvement simple ou ordinaire; mais je ne vois aucune raison scientifique ou pratique qui puisse s'y opposer; toutefois, la construction du récepteur serait moins simple que celui en usage et le courant alternatif n'y serait renversé que partiellement.

Deuxième disposition. — Je substitue à la palette de fer doux de l'ancien système une palette d'acier recourbée de même poids ou à peu près, suspendue verticalement; elle doit être trempée dur et aimantée à saturation. Je fixe symétriquement et à environ un millimètre de distance, deux électro-aimants doubles horizontaux A et B et j'y fais passer le courant de telle manière que si les deux pôles de A attirent la palette, les deux pôles de B la repoussent dans le même sens et que le courant étant ensuite renversé, les pôles qui avaient attiré la palette la repoussent, et que ceux qui l'avaient repoussée l'attirent, de façon que par suite de ses attractions et répulsions simultanées et conspirantes, la palette se meuve en sens contraire. Je change alors la direction du courant et la palette oscillera de nouveau vers le côté opposé; et ainsi de suite chaque renversement produira un mouvement de la palette en sens contraire. Pour imprimer à la

(1) Voir mes *Recherches sur la télégraphie électrique,* pp. 45 à 49, pl. VIII, fig. 1. Liége, Dessain; 1853, et l'*Exposé du comte du Moncel,* 1re édition. Hachette; Paris, 1853 et 1854. 2e édition, tome II, pp. 58 à 69. Hachette; Paris, 1856.

palette un mouvement oscillatoire très-rapide, je me sers d'un manipulateur. J'en ai construit plusieurs que l'on trouvera décrits dans le 1er volume de mon *Traité général des applications de l'électricité*. Deux de ces manipulateurs sont destinés à renverser le courant alternativement dans un télégraphe à cadran avec lettres; un troisième renverse le courant, soit alternativement, soit en l'interrompant, soit alternativement plusieurs fois consécutives, puis en l'interrompant, et réciproquement en l'interrompant plusieurs fois consécutives pour le renverser ensuite. Ce manipulateur, qui permet de renverser ou d'interrompre le courant à volonté, convient pour le télégraphe à aiguille, système anglais, pour les sonneries, pour le télégraphe à écrire, système Morse, et pour écrire double sur deux lignes parallèles, perfectionnement que j'ai réalisé le premier dans un appareil unique et auquel j'ai ajouté depuis des organes importants qui permettent de l'appliquer à la télégraphie sous-marine. Enfin, j'ai construit un quatrième manipulateur possédant les mêmes propriétés que les précédents et qui sera décrit lorsque je parlerai de mon télégraphe écrivant double.

Troisième disposition. — Je fixe en croix sur un axe commun deux barreaux aimantés légers et je place chacun des pôles d'un électro-aimant à deux branches, entre deux pôles de nom contraire des deux barreaux; au moyen de vis d'arrêt, je règle la course des barreaux et je les dispose de manière qu'on puisse les incliner à volonté. On peut aussi courber chaque barreau. L'axe porte un levier qui trace les signaux et un léger contrepoids qui ramène le levier à sa position initiale lorsque le courant est interrompu.

Quatrième disposition. — J'emploie une palette aimantée à trois pôles et un seul électro-aimant dont chaque pôle se trouve entre deux pôles de nom contraire. Sur la palette aimantée, j'ajuste un levier propre à donner des signaux.

Cinquième disposition. — Cette disposition a du rapport avec celle adoptée depuis par M. Siemens dans son relais, sauf qu'il se sert d'un courant d'induction inversé de sa nature et d'un seul pôle sans contact avec la palette qu'il aimante, tandis que moi je

renverse alternativement dans les électro-aimants un courant voltaïque et que j'aimante mon armature mobile au moyen de deux
pôles d'un aimant en contact permanent avec elle.

Sixième disposition. — Je fixe sur un barreau de fer de 5 à
6 centimètres de longueur, deux électro-aimants droits; je scie
le fer en deux pour les empêcher de communiquer par leur
magnétisme; je développe à leurs extrémités libres des pôles de
même nom au-dessus desquels se trouvent, environ à deux millimètres, les pôles d'un barreau aimanté qui peut tourner sur un
axe horizontal. En réglant la course du barreau par des vis d'arrêt et en renversant alternativement le courant d'une pile, on
peut transmettre avec le barreau muni d'un levier convenable,
des signaux télégraphiques d'une manière qui ne laisse rien à
désirer. On peut produire le même mouvement oscillatoire avec
une force plus énergique, en employant deux électro-aimants
recourbés et une double palette aimantée (1).

Septième disposition. — Sur une planchette en acajou je fixe
un aimant artificiel horizontal sur les pôles duquel je pose une
armature de fer doux, ayant la forme d'un cylindre de **7** centimètres de longueur et de 8 à 9 millimètres de diamètre; il est en
contact avec les pôles en tournant sur les pointes de deux vis
portées par deux supports verticaux. Le cylindre est recourbé à
angle droit à ses deux bouts qui deviennent aimants permanents
par les pôles artificiels et se trouvent placés chacun entre les
deux pôles temporaires contraires de deux électro-aimants convenablement ajustés de part et d'autre du cylindre de fer. Ses
mouvements oscillatoires sont limités par des vis d'arrêt. Au
milieu du cylindre s'ajuste un levier horizontal propre à écrire
les signaux Morse. Ce système est excellent et l'armature, c'est-à-
dire le cylindre, n'a jamais besoin d'être réaimantée.

Huitième disposition. — J'emploie deux électro-aimants plats,
larges de 6 centimètres et longs de 7 ; l'un contient une palette
de fer doux et l'autre en a deux séparées et en contact avec un

(1) Voir le premier volume de mon *Traité général des applications de
l'électricité*, p. 7.

faible aimant recourbé. Entre ces deux électro-aimants, je suspends à deux axes deux palettes très-minces d'acier fortement trempées et aimantées, et portant deux leviers munis à un de leurs bouts des molettes placées l'une près de l'autre et écrivant sur la même bande de papier. Les oscillations de ces palettes sont réglées par des vis d'arrêt. En renversant alternativement le courant, on écrit sur des lignes parallèles les signaux Morse, ordinaires ou combinés, avec une vitesse de 30 à 35 mots par minute.

Neuvième disposition. — Elle se compose d'une légère palette de fer doux mobile suspendue à un axe fixe dans l'intérieur d'une bobine recouverte de fil de cuivre isolé, et de deux aimahts permanents droits. Ceux-ci sont réunis à leurs pôles inférieurs par une espèce de charnière en fer, qui permet de rapprocher leurs pôles supérieurs à volonté de la palette de fer aimantée temporairement par le courant d'une pile. Le pôle inférieur de la palette de fer ne produisant aucun effet, on le rend sensible, en plaçant à sa gauche et à sa droite un barreau de fer.

Dixième disposition. — Environ à deux millimètres au-dessus de deux pôles N et S d'un fort aimant permanent vertical, je suspends une bobine horizontale légère qui a les mêmes pôles A et B à ses deux extrémités et qui peut osciller dans le sens vertical autour d'un axe hórizontal.

Lorsque le circuit est fermé, le pôle N de l'aimant attire de haut en bas le pôle A de la bobine, en même temps le pôle S repousse de bas en haut le pôle B de la bobine; aussitôt que le courant est renversé, le pôle N repousse le pôle A tandis que le pôle S attire de haut en bas le pôle B de la bobine, et ainsi successivement. A la bobine même est ajusté d'une manière convenable un léger levier capable de soulever une bande de papier et de la mettre un instant en contact avec la molette destinée à écrire la dépêche. La course de ce levier est réglée par des vis d'arrêt.

Onzième disposition. — Elle consiste à remplacer les deux électro-aimants fixes doubles de la deuxième disposition par deux électro-aimants borgnes. Cette disposition est fort bonne lorsqu'une faible force motrice est suffisante.

Douzième disposition. — J'ajuste sur un axe horizontal un léger barreau droit en fixant verticalement au-dessous de ce barreau un électro-aimant droit à deux branches séparées, de sorte que si un courant parcourt le fil de l'électro-aimant, le pôle N du barreau est attiré et le pôle S repoussé ; puis le courant étant renversé, le pôle S est attiré, tandis que le pôle N est repoussé. Cette disposition est excellente, mais elle donne moins de force que la première, qui est composée de deux électro-aimants à deux branches chacun.

Treizième disposition. — Deux doubles palettes aimantées, recourbées et coupées dans une seule platine d'acier sont adaptées à un axe horizontal, autour duquel elles peuvent basculer ; de chaque côté de l'axe est fixé un électro-aimant vertical à deux branches, ses pôles correspondant à deux pôles contraires permanents. Ce système a fonctionné à Paris en 1855, devant le célèbre M. Weatstone, qui l'a apprécié dans les termes les plus flatteurs.

Quatorzième disposition. — A un axe horizontal mobile sur des pointes, j'ajuste verticalement, à 4 centimètres de distance, deux légers aimants recourbés, longs d'environ 3 centimètres. Au-dessous, je dispose un électro-aimant vertical de telle sorte que chacun de ses pôles se trouve très-près entre deux pôles contraires du même aimant. La course des aimants est réglée par des vis d'arrêt. Réciproquement, les deux aimants sont fixes et l'électro-aimant est mobile entre les pôles des aimants (1).

Quinzième disposition. — Sur chaque extrémité d'un électro-aimant je fixe une pièce de fer doux courte et de la même forme que celle du noyau de fer de l'électro-aimant. A l'axe moteur, soit d'une horloge, soit d'un télégraphe, etc., j'ajuste une légère pièce de laiton et je visse sur celle-ci deux légers barreaux aimantés ou deux fortes aiguilles aimantées, parallèles l'une à l'autre, de telle sorte que chaque pôle de l'électro-aimant, c'est-à-dire le fer doux que j'y ai fixé, se trouve entre les deux pôles contraires des deux barreaux ou des deux fortes aiguilles

---

(1) Voir mon *Traité général des applications de l'électricité*, tome 1er.

aimantées. Avec une vis d'arrêt on règle le mouvement oscillatoire des barreaux. Ce système offre beaucoup d'avantages.

Seizième disposition. — Sur un cadre rectangulaire en fer doux, de six millimètres d'épaisseur, de huit centimètres de longueur et d'environ six à sept centimètres de hauteur, j'enroule beaucoup de fil de cuivre fin, bien isolé. Sur les deux côtés longitudinaux opposés du cadre, se trouvent deux fortes aiguilles aimantées parallèles au fil, très-rapprochées; elles sont portées sur des pointes qui sont soutenues au milieu du cadre à l'aide de barreaux en laiton vissés sur les côtés verticaux de ce cadre. Sur ces mêmes côtés sont aussi ajustés deux petits barreaux en fer vis-à-vis des pôles des aiguilles.

Lorsqu'un courant traverse le fil conducteur, les aiguilles assez légères placées immédiatement au-dessus du fil, sont d'abord un peu déviées du côté vers lequel le cadre devenu électro-aimant les attire. Ainsi l'attraction électro-magnétique est aidée ou secondée par l'action galvanométrique.

Cette disposition est excellente parce qu'elle offre cette particularité favorable qu'elle rapproche l'aiguille du côté vers lequel elle doit être attirée. Elle est un développement de cette donnée théorique (voir page 21) que l'attraction doit agir à une distance plus grande que la répulsion.

Il est bien entendu que dans toutes les dispositions indiquées la course de la palette, du barreau ou de l'aiguille aimantée devra être limitée et réglée par des vis d'arrêt.

Ainsi que je l'ai dit en commençant toutes les différentes dispositions que j'ai indiquées ont été soumises par moi à des expériences multipliées. Je pourrais encore en augmenter le nombre, mais je crois avoir suffisamment démontré que le principe du renversement alternatif du courant électrique dans les électro-aimants appliqué d'après mon système, permet d'employer au choix dans les appareils soit un, soit deux électro-aimants. En faisant usage de deux électro-aimants, on se procure un accroissement sensible de force, accroissement qui devient des plus utiles dans certaines circonstances, comme nous le verrons plus loin.

SECTION III.

Causes perturbatrices et nuisibles dont les effets sur les fils conducteurs influent sur la marche des électro-moteurs en général.

Dans les pages qui précèdent, nous avons déjà constaté certaines causes nuisibles entravant ou gênant la marche des appareils électriques en général. Je les réunis ici à celles dont il n'a encore pu être question, afin d'en faire connaître le genre et l'étendue, d'examiner en détail quels inconvénients elles occasionnent et de pouvoir ainsi faire mieux comprendre et mieux apprécier dans le paragraphe suivant le moyen que j'ai trouvé de les détruire ou de les atténuer par l'application du principe du renversement alternatif du courant dans les électro-aimants.

§ 1

Première cause perturbatrice.

—

RESSORT ANTAGONISTE OU DE RAPPEL.

Dans tous les appareils où l'application du courant électrique a lieu à l'aide d'un électro-aimant et d'une armature de fer doux munie d'un ressort antagoniste, comme, par exemple, dans les télégraphes, le mouvement de l'organe mobile dont la fonction est de transmettre, est produit comme il suit : quand l'appareil ne travaille pas, le ressort est tendu pour maintenir l'armature (l'organe mobile) éloignée de l'électro-aimant. Dès qu'on veut produire un effet ou mouvement, on lance par le fil qui établit la communication métallique un courant dans l'électro-aimant, lequel doit lui agir sur son armature pour qu'il soit réalisé. Par conséquent l'électro-aimant doit vaincre la tension du ressort antagoniste et en même temps imprimer à l'armature une impulsion suffisante pour que l'effet cherché soit obtenu.

Pour produire un second effet, il faut interrompre le courant, afin que le ressort antagoniste ramène d'abord l'armature à sa position initiale, puis lancer un nouveau courant dans l'électro-aimant et ainsi de suite. On voit donc que pour chaque nouvel effet à produire, il faut faire imprimer deux mouvements à l'armature, l'un pour interrompre le courant établi et l'autre pour le rétablir. En conséquence, le travail du ressort consiste : a) à ramener avec rapidité, par sa tension, l'armature à sa position initiale; b) à vaincre en même temps la résistance que sa tige motrice éprouve fle la part de l'un ou l'autre organe de l'appareil.

Or, la tension du ressort indispensable pour obtenir ce résultat doit être vaincue et vaincue promptement par la force du courant et par suite le courant doit être plus intense que si la condition de célérité n'était pas à remplir.

On peut donc déjà observer que le ressort oppose une résistance bien sensible à la force du courant, par le but même de ses fonctions; mais elle est encore considérablement augmentée, comme je vais l'exposer, par suite des autres résistances que sa tension a encore à vaincre.

§ II

Deuxième cause perturbatrice.

—

MAGNÉTISME RÉMANENT.

Nous avons vu plus haut que le magnétisme rémanent est la source de causes perturbatrices graves.

Examinons maintenant quelles en sont les origines.

Nous savons que les molécules du fer, même du fer le plus pur et le plus doux qu'on puisse se procurer, ainsi que celles en cuivre, sont inertes, c'est-à-dire persistent avec une certaine force à rester dans la position qu'elles occupent. Lorsqu'on a aimanté un fer doux et par conséquent imprimé aux courants électriques de ses molécules une direction commune, une partie d'entre elles ne retournent pas dans leur situation antérieure; mais après l'aimantation, leurs courants restent parallèles et par suite le fer conserve du magnétisme. C'est ainsi que l'expérience démontre qu'un électro-aimant, qui a été parcouru par un courant, se montre encore aimanté après l'interruption de ce courant.

Ce magnétisme rémanent conserve une action sur l'armature motrice des appareils et tend à la retenir dans ses mouvements en lui opposant une résistance que le ressort de rappel doit vaincre, outre celle dont il a été question précédemment.

Il y a plus : le magnétisme rémanent est variable. Il croît jusqu'à une certaine limite avec l'intensité du courant qui parcourt l'électro-aimant, sans croître précisément dans la même proportion que cette intensité. Il en résulte que toutes les nombreuses causes pertubatrices qui font varier l'intensité du courant indiquées ci-dessous, font aussi varier l'intensité du magnétisme rémanent.

§ III

Troisième cause perturbatrice.

—

VARIABILITÉ DE L'INTENSITÉ DU COURANT.

1° L'intensité du courant électrique varie avec l'inconstance des piles, car celles qu'on appelle piles à courant constant ne le sont qu'à peu près pendant un nombre de jours restreint. 2° L'intensité du courant diminue à mesure que la longueur du fil à parcourir augmente, la nature et le diamètre de ce fil restant les mêmes. Aussi, pour citer un exemple frappant dans les télégraphes encore trop répandus qui fonctionnent sans le renversement alternatif du courant, avec le ressort antagoniste, on est obligé de tendre ou de détendre ce ressort chaque fois que la distance à laquelle on veut transmettre une dépêche, est plus proche ou plus éloignée. Il peut donc arriver que l'on ait à régler le ressort antagoniste plus de cinquante fois par jour. 3° L'intensité du courant diminue aussi proportionnellement à la section du fil des circuits à parcourir, laquelle section peut même se trouver diminuée par suite d'une altération fortuite. 4° L'intensité du courant s'affaiblit encore par les dérivations qu'occasionne l'isolement toujours plus ou moins imparfait des fils conducteurs, dérivations en rapport avec le nombre des supports isolateurs et des poteaux employés à les soutenir. 5° L'intensité du courant est altérée par les conditions de polarisation que détermine dans les fils conducteurs aériens et surtout souterrains et sous-marins, le passage constant du courant dans le même sens. La sûreté et la rapidité des transmissions télégraphiques en sont notamment fort entravées (1). 6° Enfin, l'intensité du courant-varie suivant le degré d'humidité et de sécheresse de l'air atmosphérique en contact avec les fils conducteurs, elle varie suivant la nature sèche ou humide des terrains où l'on est forcé de plonger les fils de terre. Il y en a de tellement secs que l'on est obligé de creuser des puits, pour établir de bonnes communications avec le sol.

Outre ces différentes variabilités d'intensité du courant en quelque sorte permanentes et inhérentes aux conditions obligées

(1) Ce fait remarquable a été relevé par l'illustre physicien russe, M. DE JACOBI. Voir son rapport sur mes appareils électriques, adressé à M. le commissaire général belge de l'Exposition universelle de Paris en 1867, où il s'exprime ainsi : « Il n'est inconnu de personne, et j'ai même été le pre-
» mier qui a relevé ce fait curieux que le passage d'un courant électrique
» de direction constante détermine dans les fils télégraphiques aériens et
» à plus forte raison souterrains et sous-marins, des conditions par-
» ticulières de polarisation qui entravent singulièrement la sûreté et la
» rapidité des transmissions télégraphiques. Ces inconvénients dispa-
» raissent ou se produisent d'une manière peu sensible en faisant tra-
» verser les fils télégraphiques par des courants dirigés alternativement
» en sens contraire. Ce *renversement instantané du courant* a été effectué
» pour la première fois par M. Gloesener, non sans qu'il ait éprouvé beau-
» coup de difficultés qu'il a réussi à vaincre par des dispositions particu-
» lières très-ingénieuses des manipulateurs et des électro-aimants récep-
» teurs. »

de sa transmission, il y en a d'autres causées par des circonstances accidentelles et dont les effets nuisibles, lorsqu'ils se produisent, contribuent naturellement aussi à faire varier l'intensité du magnétisme rémanent lui-même. Elles sont énumérées dans les paragraphes suivants.

§ IV

Quatrième cause perturbatrice.

—

ÉLECTRICITÉ ATMOSPHÉRIQUE.

Les courants électriques qui règnent dans l'atmosphère se communiquent par contact aux fils conducteurs aériens; les nuages orageux y développent aussi des courants par induction; ni les uns ni les autres ne suivent de directions fixes, mais tous deux, tantôt augmentent, tantôt diminuent l'énergie du courant de la pile employée. Les lignes télégraphiques et les circuits d'horloges sont singulièrement exposés à ces effets nuisibles. Personne n'ignore que les orages rendent parfois les transmissions télégraphiques absolument impossibles.

L'origine diverse et les effets variés produits par cette quatrième cause perturbatrice, me déterminent à entrer dans quelques développements sur mes études et sur mes observations à ce sujet. Ils offriront, je crois, un véritable intérêt.

L'électricité atmosphérique perturbatrice ou nuisible peut se diviser en *électricité atmosphérique non orageuse* et en *électricité atmosphérique orageuse, nuages orageux, foudre*.

1° *Électricité atmosphérique non orageuse.* — Elle peut agir sur les fils des lignes télégraphiques, les fils des horloges électriques et sur les fils conducteurs de tous les autres appareils électriques du même genre, exigeant des circuits extérieurs. Il suffit pour cela que le fil mettant les appareils en communication, parcoure une longue distance, comme dans les lignes télégraphiques ou un circuit d'une certaine étendue, comme pour les réseaux d'horloges électriques d'une ville, etc. L'électricité atmosphérique, très-variable, n'est pas toujours la même aux différents points de la ligne ou du circuit; à différents endroits, les fils électriques se trouvent souvent à des élévations inégales du sol; sur un fil électrique d'une certaine longueur, même quand le temps est parfaitement pur, il peut se former un courant à une des extrémités, tandis qu'à l'autre il peut se précipiter de la vapeur sous la forme de brouillard; une averse, une chute de neige, un orage, peuvent se produire à cette autre extrémité ou bien encore sur un point quelconque de la longueur du fil. J'ai constaté, ainsi que d'autres auteurs, que dans tous ces cas il se développe des courants assez puissants pour mettre en mouvement les appareils indicateurs.

2° *Électricité atmosphérique orageuse, nuages orageux, foudre.* — Cette électricité agit sur les fils conducteurs des circuits électriques de deux façons : 1) par *induction,* sans aucun transport du fluide électrique, du nuage à l'appareil; 2) *directement,* c'est-à-dire que la foudre ou un éclair frappent eux-mêmes le corps conducteur.

L'électricité atmosphérique orageuse par induction se produit de deux manières : tantôt le nuage orageux agit à distance sur le fil télégraphique sans lancer d'éclairs, tantôt il lance des éclairs, alors l'électricité est dynamique, et chaque éclair agit sur le fil, à une distance souvent très-considérable.

Dans le premier cas, l'électricité naturelle du fil conducteur est sujette à être troublée par l'induction électrique ordinaire d'un nuage à distance. Si le vent, par exemple, chassait le nuage orageux dans une direction telle qu'il coupât à une certaine hauteur la ligne télégraphique, il arriverait ceci : pendant tout le temps que le nuage s'approcherait du fil conducteur, il repousserait l'électricité naturelle du fil vers ses deux extrémités; arrivé immédiatement au-dessus du fil, il cesserait un moment d'agir, puis, à partir de ce point, le nuage s'éloignerait du fil conducteur et la répulsion qu'il produisait se changerait en attraction qui diminuerait à mesure que sa distance au fil irait en augmentant, tandis que l'électricité naturelle du fil conducteur reviendrait finalement à son état normal. Si le nuage était transporté par le

vent parallèlement à la direction du fil conducteur, il se produi-
rait dans celui-ci un courant vers chacune de ses extrémités qui
varierait constamment en intensité, suivant la position du nuage.
Peut-être ces courants seraient-ils trop faibles pour mettre en
mouvement les appareils indicateurs, mais ils pourraient bien
avoir sur l'action du courant de la batterie une influence suffisante pour intervenir d'une manière nuisible dans la marche
régulière de la machine.

Un physicien américain, M. Henry, a communiqué il y a déjà
longtemps à la Société philosophique de Philadelphie quelques
expériences sur l'électricité développée dans le fil conducteur par
l'induction de l'électricité en mouvement. Cette sorte d'induction
étant la source la plus abondante des perturbations, les résultats
des expériences de M. Henry nous semblent instructifs par rapport à la question de l'électricité atmosphérique orageuse, et par
conséquent méritent d'être rapportés :

L'action de l'induction dynamique déterminée par chaque coup
de tonnerre qui a lieu même à la distance d'un grand nombre
de milles, peut produire de puissants courants électriques dans
les fils des télégraphes et par conséquent aussi dans les fils des
horloges électriques et d'autres appareils semblables.

Première expérience. — Un fil de cuivre a été suspendu à des
cordons de soie autour du plafond d'une chambre à un étage
supérieur de manière à former un parallélogramme de 60 pieds
sur 30 de côté; dans la cave du même bâtiment immédiatement
au-dessous, on a placé un parallélogramme présentant les mêmes
dimensions. Lorsqu'on faisait passer l'étincelle d'une machine
électrique à travers le parallélogramme supérieur, un courant
d'induction se manifestait dans le second, et ce courant était
assez fort pour aimanter des aiguilles, quoiqu'il y eût deux planchers dans l'intervalle, et que les conducteurs fussent séparés par
une distance de 30 pieds. Dans cette expérience, aucune électricité ne passait à travers les planchers d'un conducteur à l'autre.
L'effet était entièrement dû à l'action répulsive de l'électricité en
mouvement dans le fil supérieur, sur l'électricité naturelle du fil
inférieur.

Deuxième expérience. — Deux fils conducteurs d'environ 400 pieds de longueur ont été tendus parallèlement l'un à l'autre entre deux bâtiments; une étincelle électrique qu'on a fait passer à travers l'un d'eux, a produit un courant dans l'autre, quoique les fils fussent séparés entre eux par une distance de 300 pieds; enfin de toutes les expériences on a cru pouvoir conclure que la distance pouvait être accrue indéfiniment pourvu que les fils fussent allongés dans un rapport correspondant.

Troisième expérience. — Pour démontrer que le même effet est produit par l'action répulsive d'une décharge électrique des cieux, on a enlevé un des fils, on a allongé une des extrémités de l'autre et l'on a conduit celle-ci par le cabinet d'étude de M. Henry, jusqu'à un puits voisin où on l'a plongée dans l'eau. A chaque coup de tonnerre qui s'est fait entendre sur une surface de 20 milles autour de la demeure de M. Henry, des aiguilles ont été magnétisées dans son cabinet par le courant d'induction développé dans le fil.

Ces trois expériences, les deux premières surtout, sont si remarquables et m'ont paru tellement extraordinaires, que j'ai essayé de les répéter. Les résultats n'ayant pas répondu à toutes ces prévisions, je suspends néanmoins mon jugement jusqu'à ce que j'aie pu les reproduire dans des conditions qui ne pourront me laisser aucun doute sur leur identité complète avec celle du physicien américain.

En électricité, il faut si peu de chose pour altérer les conditions d'expériences, et ce peu de chose est souvent si difficilement saisissable, qu'on ne saurait procéder avec trop de soin et de prudence, lorsqu'il s'agit d'établir un fait. De là, dans cette science, la nécessité constante d'une pratique expérimentale qui déroute souvent, en les contrôlant, les expériences de cabinet.

Lorsque l'électricité atmosphérique orageuse agit directement, le phénomène se produit par un éclair ou par un coup de foudre. Un éclair peut frapper directement le fil électrique, au point de détruire les organes sensibles de l'appareil récepteur, de fondre le fil conducteur, de blesser les employés se trouvant non loin de ce fil, de renverser, fondre ou briser même les poteaux télégraphiques et voici comment : Si un nuage orageux se forme dans l'air et qu'il soit poussé par le vent dans une certaine direction, il agira sur tous les corps, sur la surface de la terre, dès l'instant qu'ils se trouveront dans sa sphère d'activité; mais cette action sera beaucoup plus intense sur les corps les plus élevés, sur les corps bons conducteurs et surtout sur les métaux. Il décomposera l'électricité naturelle de tous ces corps, en attirant celle contraire à la sienne et en repoussant l'autre de même nom. Cette attraction naturelle pourra acquérir une tension suffisante pour abaisser le nuage orageux. Si donc il se trouve sous un nuage orageux une station télégraphique ou électrique quelconque, à laquelle aboutit un fil conducteur souvent très-long, ce fil et les poteaux qui le supportent étant relativement éloignés d'autres corps et se trouvant parmi les plus élevés, seront par suite les plus exposés. Or, ce fil bon conducteur est en communication directe avec la terre humide par l'appareil récepteur; d'un autre côté, les poteaux devenus conducteurs par l'influence du nuage orageux sont également en rapport avec la terre, par leur enfouissement dans le sol; il en résulte que fil et poteaux représentent une sorte de système de paratonnerre qui satisfait à toutes les conditions nécessaires pour attirer du nuage orageux (s'il est suffisamment abaissé), sur le fil télégraphique, un gros éclair qui effectuera les dégâts ou une partie des dégats indiqués plus haut.

Lorsque c'est un coup de tonnerre qui frappe directement un fil conducteur, la foudre agit alors avec toute sa violence et produit en général des dévastations plus étendues et plus terribles que dans le cas précédent d'un éclair tombé sur le fil. Mais il en est parfois autrement; ainsi, fait bizarre, en juillet 1847, entre Kindberg et Krieglach (Autriche), la foudre fracassa trois poteaux, sans endommager le fil électrique qu'ils supportaient.

Effets de l'électricité atmosphérique orageuse sur les fils conducteurs électriques souterrains et sous-marins. — Les nuages orageux et la foudre n'exercent guère d'influence immédiate sur les conducteurs souterrains et sous-marins et leurs effets ne peuvent se comparer à ceux qu'ils produisent sur les fils aériens. Néanmoins cette influence existe et dans mon ouvrage intitulé :

Recherches sur la télégraghie électrique, Liége, 1853, j'ai prouvé par la théorie et par des renseignements pris au bureau des télégraphes à Berlin, en 1851, que les orages ont sur les fils télégraphiques souterrains une influence assez notable pour qu'il convienne ou du moins qu'il soit préférable de les supprimer, sauf dans quelques cas particuliers et pour des raisons majeures.

Quant aux fils sous-marins, les orages et la foudre n'agissent pas directement ou fort peu sur les câbles, mais ils ont une action sur les fils et sur les appareils établis à la surface de la terre et en communication métallique avec l'âme (fil de cuivre conducteur) du câble. Le fluide électrique, ou le courant-foudre, s'il m'est permis de m'exprimer ainsi, agit dans ce cas comme le courant d'une pile, à cette différence près qu'il pénètre avec une grande tension dans l'âme du câble et qu'en s'y propageant il agit en même temps latéralement par induction. Alors, aussitôt qu'il rencontre la moindre petite partie faible ou excentrique dans l'enveloppe de gutta-percha, dont il peut vaincre la résistance, il s'y jette, la traverse et va se perdre dans la mer, en mettant ainsi le câble hors d'usage.

C'est ainsi que périt le câble de l'île de Jersey. Un coup de foudre ou peut-être même seulement un gros éclair frappa le conducteur aérien de l'île; une partie de l'électricité pénétra dans l'âme du câble, parcourut environ $21\frac{1}{2}$ milles et s'échappa alors au travers de l'enveloppe de gutta-percha dans la mer, en endommageant le câble au point de le rendre impropre à servir.

§ V

Cinquième cause perturbatrice.

—

AURORES POLAIRES, BORÉALES ET AUSTRALES.

Ces phénomènes sont rares dans nos climats. Lorsqu'ils se présentent, ils affectent quelquefois avec une grande énergie la boussole aimantée et les fils électriques conducteurs en y développant des courants d'induction. Ils exercent leur action, tantôt dans un sens, tantôt dans un autre. Les courants des aurores boréales se propagent par onde d'intensité variable et changent toujours de polarité à chaque onde.

Le vif intérêt que présente l'étude de ces magnifiques phénomènes et l'extrême influence qu'ils peuvent exercer pendant leur durée sur les fils conducteurs de l'électricité, m'engagent à exposer ici les principales questions scientifiques qui s'y rapportent afin de faire bien comprendre d'où provient leur action nuisible. Je ferai voir notamment que ces phénomènes *sont des phénomènes terrestres* et *non cosmiques,* et que leur origine est électrique ; j'indiquerai comment ils se développent et comment enfin, lorsqu'ils parviennent à acquérir une grande intensité, ils deviennent des causes perturbatrices graves dans la marche des appareils télégraphiques qui sillonnent aujourd'hui pour ainsi dire le monde entier.

L'origine des aurores polaires, boréales et australes est due à un phénomène atmosphérique ou terrestre et non cosmique, et leur nature est électrique. — Il n'y a plus à avoir de doutes sur cette question. M. Biot a observé lui-même les aurores boréales aux Iles Schetland en 1817 et il a reconnu que les arcs et les couronnes de l'aurore ne participent nullement au mouvement apparent des astres d'orient en occident, preuve qu'ils sont entraînés par la rotation de la terre. M. Biot a aussi constaté que la lumière de l'aurore boréale n'est point polarisée ; mais nous savons actuellement qu'elle est susceptible de le devenir, puisque M. Macquorn Rankine l'a polarisée, par la réflexion sur l'eau.

Une preuve des plus concluantes sur la nature électrique des aurores polaires consiste dans l'action que nous voyons toujours être exercée sur l'aiguille aimantée par l'apparition de l'aurore boréale. En effet, d'après M. de la Rive, dans la journée qui précède la nuit, où doit apparaître une aurore boréale, la déclinaison de l'aiguille à l'ouest est toujours sensiblement augmentée de 10, de 20, de 30 minutes et même plus.

Au milieu et à la fin de l'apparition, l'aiguille dévie au contraire plus à l'est qu'elle ne devrait le faire dans son état normal.

Enfin l'aiguille éprouve souvent pendant la période du phénomène, des oscillations irrégulières dont l'amplitude peut être
de quelques minutes de degré.

*Explication de l'origine ou de la nature électrique des aurores
polaires.* — Dans les régions tropicales l'eau de mer s'évapore,
comme nous savons, abondamment et avec beaucoup d'activité;
les vapeurs qui en résultent emportent avec elles l'électricité
positive, montent à des hauteurs assez grandes, se replient
ensuite des deux côtés de l'équateur et sont transportées vers
les pôles du globe terrestre, en s'abaissant de plus en plus à
mesure qu'elles s'avancent vers les latitudes les plus élevées. Là
l'électricité positive des nuages peut se combiner avec l'électricité négative du globe terrestre, au moyen de l'humidité plus
ou moins grande dont sont imprégnées les couches d'air inférieures. Si ces combinaisons des deux électricités peuvent se
faire sans difficulté, il ne se passe aucun phénomène extraordi-
naire; mais si pendant des temps très-secs, dans les régions
polaires, l'air ne conduit presque pas l'électricité, alors l'électricité positive qui vient de l'équateur ne pouvant plus passer dans
la terre s'assemblera et s'accumulera près du pôle; elle acquerra
une haute tension, et se lancera dans l'espace aérien où elle se
déversera dans les régions élevées d'air raréfié en y provoquant
des phénomènes semblables à ceux que nous produisons dans
nos cabinets de physique, mais avec cette différence que leur
puissance est infiniment plus énergique,

On comprend sans peine que dans des moments pareils, où le
courant terrestre est totalement ou en partie interrompu soit
pour un temps court, soit pour un temps plus ou moins long, des
perturbations violentes doivent se produire dans le passage régulier du courant électrique cheminant par la terre du nord au
sud, et que, par suite, l'influence dudit courant terrestre devra
se manifester d'une manière toute spéciale pendant la durée de
grandes et puissantes aurores polaires.

De violentes décharges entre l'électricité négative du pôle de
la terre et l'électricité positive de l'air suivant la plus ou moins
grande quantité de vapeurs, se répètent itérativement avec accom-

pagnement d'une vive lumière. Des particules très-ténues de glace qui se trouvent près du pôle, formant comme une espèce de brume, deviennent lumineuses par la transmission de l'électricité. La portion de cette brume lumineuse la plus rapprochée du globe terrestre et par conséquent des régions polaires est un véritable conducteur mobile, traversé par une succession de dé-, charges et attiré par le pôle de la terre, comme le sont les jets de lumière électrique par le pôle d'un électro-aimant, dans la belle expérience que nous devons à M. de la Rive.

L'origine et la nature électrique des aurores polaires sont par conséquent clairement et nettement établies.

Quant au développement complet d'une aurore boréale, je ne puis mieux faire que de fournir à mes lecteurs l'occasion de lire ou de se rappeler l'admirable description que l'illustre M. de Humboldt a faite d'un de ces phénomènes dans le *Cosmos*. Il s'exprime en ces termes :

« Une aurore boréale est toujours précédée de la formation à
» l'horizon d'une sorte de voile nébuleux qui monte lentement
» jusqu'à une hauteur de 4, à 6, à 8 et même à 10 degrés. C'est
» vers le méridien magnétique du lieu que le ciel, d'abord pur,
» commence à se rembrunir. A travers ce segment obscur, dont
» la couleur passe du brun au violet, les étoiles se voient comme
» à travers un épais brouillard. Un arc plus large, mais d'une
» lumière éclatante, d'abord blanc, puis jaune, borde le segment
» obscur. Quelquefois l'arc lumineux est agité pendant des heures
» entières, par une clarté d'effervescence et par un continuel
» changement de forme avant le lever des rayons et des colonnes
» de lumière, qui montent jusqu'au zénith. Plus l'émission de
» lumière est intense, et plus vives en sont les couleurs, qui,
» du violet et du blanc bleuâtre, passent par toutes les nuances
» intermédiaires, au vert et au rouge purpurin. Tantôt les
» colonnes de lumière paraissent sortir de l'arc brillant, mélan-
» gés de rayons noirâtres, semblables à une fumée épaisse, tantôt
» elles s'élèvent simultanément en différents points de l'horizon;
» elles se réunissent en une mer de flammes dont aucune pein-
» ture ne saurait rendre la magnificence, car à chaque instant, de

» rapides ondulations en font varier la forme et l'éclat. Le mou-
» vement parait accroître la visibilité du phénomène. Autour du
» point qui répond, dans le ciel, à la direction prolongée de
» l'aiguille d'inclinaison, les rayons paraissent se rassembler, et
» former la couronne boréale. Il est rare que l'apparition soit
» aussi complète; mais quand celle-ci parait, elle annonce tou-
» jours la fin du phénomène. Les rayons deviennent alors plus
» rares, plus courts et moins vivement colorés. On ne voit bien-
» tôt plus sur la voûte céleste que de larges taches nébuleuses
» immobiles, pâles, ou d'une couleur cendrée; elles ont déjà
» disparu que les traces du segment obscur, par où l'apparition
» débute, persistent encore à l'horizon. »

*Explication des perturbations qu'éprouve la marche des appa-
reils télégraphiques et autres, pendant la durée des aurores polaires
intenses.* — Ces causes nuisibles sont produites par des courants galvaniques induits dans les fils électriques conducteurs et
ces courants induits ont pour inducteurs des courants circulant
à peu près des pôles de la terre vers l'équateur. — Les courants
telluriques dirigés des pôles vers l'équateur ne sont pas hypothé-
tiques; plusieurs observateurs en ont constaté l'existence; d'ailleurs ils me paraissent être une conséquence directe de ce courant
positif dont nous avons déjà parlé et qui, dû à l'évaporation de
l'eau de mer dans les régions tropicales, s'élève dans la zone
torride, et est emporté par les vapeurs vers les régions polaires
et au pôle boréal même où il se combine avec le courant négatif de la terre. Maintenant il est tout logique d'admettre que ce
courant, traversant la masse intérieure du globe terrestre, développe par induction dans la partie superficielle et solide de la
terre un courant qui, à son tour, agira sur le fil électrique conducteur placé à peu près dans le méridien magnétique, et déve-
loppera un courant d'induction de même sens que celui induit
dans le même conducteur, par le courant qui chemine continuellement, à peu près du pôle à l'équateur. Ces courants conspirent
donc pour faire naître un courant induit dans le fil conducteur
télégraphique. Mais sont ils les seuls qui agissent de la sorte?

L'action magnétique du soleil sur la terre n'est plus, à mon avis, une hypothèse, il agit sur celle-ci par induction, et y développe de la même manière des courants à peu près parallèles à l'équateur et dirigés de l'orient vers l'occident. Ces courants constituent le fond, la base de la théorie du magnétisme terrestre d'après le R. P. Secchi et M. de la Rive qui s'occupent tous deux, avec autant de succès que de persévérance, des phénomènes magnétiques de notre globe. Eh bien, quoique ces courants soient perpendiculaires, ou à peu près, aux courants polaires, et par conséquent mal situés pour agir sur ces derniers, ne pourrait-il pas résulter de leurs actions réciproques une modification telle que les courants polaires fussent renforcés? A l'appui de cette opinion que j'émets, remarquons d'abord que pendant son mouvement annuel, la terre change notablement de position par rapport au soleil, et par suite les courants en question sont loin d'être perpendiculaires les uns aux autres pendant la partie la plus longue de l'année; de plus, la théorie des phénomènes électro-dynamiques nous montre beaucoup de phénomènes produits par l'action réciproque des courants, même rigoureusement perpendiculaires les uns aux autres; mes nombreuses expériences faites à ce sujet m'ont, depuis longtemps, donné cette conviction, aujourd'hui généralement admise. D'ailleurs, il ne s'agirait dans le cas actuel que d'une action suffisante pour faire tourner un peu les molécules ou l'éther qui les enveloppe, dans leurs positions. Au surplus, quand même la modification dont il s'agit n'aurait pas lieu, toutes les explications données plus haut sur l'existence et la direction des courants polaires et des courants parallèles, subsisteraient intégralement.

§ VI

Sixième cause perturbatrice.

—

COURANT DE DÉCHARGE.

Lorsque le courant positif d'une pile, dont le courant négatif communique avec la terre, est lancé dans l'âme ou conducteur d'un câble sous-marin en rapport métallique avec le sol par le

récepteur placé à l'extrémité opposée, il se propage et se mani-
feste même presque immédiatement à la station d'arrivée, mais
il est trop faible pour produire un effet sensible. Cet affaiblissement tient à ce que, en avançant, il agit tout autour latéralement
par induction sur l'eau de mer, au travers de la couche isolante;
il attire l'électricité négative qui l'attire à son tour et en retient
une partie, l'autre partie continue à avancer dans l'âme du câble,
mais la même action latérale continue aussi à se produire successivement sur toute la longueur du conducteur; ce n'est que
quand cette sorte d'immense bouteille est entièrement chargée
que le courant peut enfin s'écouler d'une manière continue
par le récepteur, y donner un signal distinct et passer dans la
terre.

Pour décharger le conducteur on met le manipulateur en contact avec la terre; aussitôt la décharge a lieu et l'électricité dissi-
mulée, redevenant libre, se divise en deux : une partie s'écoule
dans le sol par le récepteur, et l'autre partie retourne dans la
terre par le manipulateur. C'est cette dernière partie que l'on
nomme *courant de décharge* (ou parfois *de retour*), qui offre des
difficultés énormes et presque désespérantes au premier abord,
parce qu'elle neutralise le courant destiné à produire un second
signal, ou pour mieux dire, parce qu'elle s'oppose à sa propagation en l'arrêtant. On comprend donc facilement qu'un certain
temps se passe avant que le câble soit chargé et qu'un signal soit
produit à la station d'arrivée; on conçoit de même qu'il se passe
un autre temps fort sensible avant que le câble soit déchargé et
que l'on puisse émettre un nouveau courant. Ces deux particularités diminuent considérablement la rapidité de la transmission
par les câbles sous-marins, mais d'autant plus qu'ils sont plus
longs. Ces mêmes particularités se présentent dans les câbles
souterrains et même sur les lignes aériennes lorsqu'elles sont
très-étendues, toutefois à des degrés beaucoup plus faibles.

§ VII

Septième cause perturbatrice.

—

COURANT DE RETOUR.

On constate encore un autre courant nuisible, proprement appelé courant de retour, courant qui complique et retarde la transmission des signaux télégraphiques. Voici comment : quand le récepteur se compose d'un électro-aimant et qu'au poste de départ on interrompt le courant, il se développe dans les spires du fil conducteur un extra-courant de même direction que le courant de ligne, c'est-à-dire que le noyau de fer, en se désaimantant, réagit sur le fil et qu'il en résulte un courant d'induction de même sens. Ce courant d'induction s'écoule dans la terre par le récepteur. Mais il arrive que sur de longues lignes, les choses se passent différemment : le courant se divise en deux comme le courant de décharge dans les câbles sous-marins : une partie s'écoule dans la terre au poste de réception, et l'autre retourne à celui de départ en exerçant la même influence nuisible que le courant de décharge à l'intensité près.

Je ne parlerai pas des effets de l'extra-courant inverse et de l'extra-courant direct, ni du courant d'induction, lesquels courants retardent et limitent notablement le développement du magnétisme utile des électro-aimants, parce que leurs résultats nuisibles continuent à subsister également avec le renversement du courant électrique ; je me bornerai seulement à signaler ce fait qu'ils sont amoindris, et disparaissent plus promptement en appliquant mon système.

§ VIII

Huitième cause perturbatrice.

—

POLARISATION GALVANIQUE.

Si dans le circuit d'une pile électrique il se trouve des liquides, des dissolutions contenant des corps de différentes natures en contact avec des corps et des lames métalliques, le courant électrique les décomposera; les éléments ou corps simples provenant de cette décomposition se déposeront sur les surfaces métalliques, et se combineront chimiquement avec ces lames ou bien ils y adhéreront mécaniquement avec une force de cohésion plus ou moins grande; dans les deux cas les surfaces métalliques seront entièrement altérées; l'hydrogène, par exemple, provenant d'une décomposition d'eau, adhérera à la lame de cuivre (pôle négatif), diminuera sensiblement la circulation du courant en l'empêchant de parvenir en contact avec la lame métallique; en même temps il se produira par la réaction de l'hydrogène sur le cuivre de la lame un courant de sens contraire, qui affaiblira de nouveau l'intensité du courant principal. Le phénomène que nous venons d'exposer est connu sous le nom de *polarisation galvanique*, ainsi que je l'ai déjà dit.

§ IX

Neuvième cause perturbatrice.

—

ÉTINCELLE ÉLECTRIQUE.

L'étincelle électrique est produite par l'interruption du courant principal qui circule dans un circuit fermé; elle est d'autant plus intense que le courant principal de la pile est plus énergique, et réciproquement d'autant plus faible que ce courant est lui même plus faible. L'étincelle est en général fort difficile à combattre dans les appareils électriques, surtout dans ceux qui exigent une grande intensité de courant. — Lorsqu'on a un appareil sous les yeux et qu'on est maître de presser le conducteur mobile contre le conducteur fixe, comme dans un manipulateur du télégraphe Morse, on n'évitera pas, il est vrai, la formation de l'étincelle au moment de l'interruption et du rétablissement du courant pour la transmission des signaux, mais on pourra voir si les contacts sont oxydés, au lieu d'être dans l'état de propreté nécessaire. Tandis que si le courant doit agir à de grandes distances ou faire marcher simultanément à distance plusieurs télégraphes ou horloges électriques, la chose est autrement grave et difficile.

Je crois devoir faire remarquer, en terminant ce sujet, que si parmi les causes perturbatrices que je viens d'énumérer il en est qui sont particulières aux applications de l'électricité, nécessitant des conducteurs extérieurs très-longs, tels que les télégraphes et les horloges électriques, il y en a qui sont inévitables et générales à tous les genres d'applications du courant électrique.

SECTION IV.

Destruction ou neutralisation des causes perturbatrices et nuisibles décrites dans la section III. — Exposition des avantages dus à l'application de la théorie du Principe du Renversement alternatif du Courant électrique dans les électro-aimants de M. Gloesener. — Importance du système Gloesener à armature aimantée.

Il convient d'abord d'établir que certains avantages importants du *renversement alternatif du courant, que j'ai effectué le premier dans les électro-aimants* (1), sont déjà obtenus dans son renversement par la seule attraction successive; mais que les autres, dont on appréciera bientôt toute la portée, ne sont produits que par la supériorité de mon système du renversement par attraction et répulsion simultanées et conspirantes, basées sur le principe de la solidarité de ces mêmes effets.

Ce point fixé, ces avantages peuvent se diviser de la manière suivante :

1° *Avantages dus à la destruction ou à la neutralisation des causes perturbatrices et nuisibles, générales à tous les genres d'applications du courant électrique.* — Ces avantages sont communs, *en partie,* au renversement par la seule attraction du courant, et, *en partie,* au renversement par attraction et répulsion simultanées de mon système.

2° *Avantages divers dus à l'emploi de mon système du renversement alternatif du courant avec armature aimantée.*

3° *Avantages spéciaux dus uniquement à l'application de mon principe du renversement alternatif du courant, comme force motrice nouvelle alternative, par l'emploi du courant négatif, utilisé comme le courant positif (direct).*

Plusieurs avantages de la première catégorie se combinent,

____

(1) Voir page 7.

ainsi que certaines causes perturbatrices, de telle façon que, pour éviter des redites inutiles sur les points déjà touchés, je crois être agréable au lecteur en référant soit à l'avantage décrit en détail pour les développements de celui que je décris en abrégé, ce dernier étant plus ou moins une conséquence du premier, bien que produisant un effet distinct, soit à la cause perturbatrice qui s'y rapporte, et réciproquement pour les causes perturbatrices entre elles.

Les causes perturbatrices dont nous avons exposé les effets si nuisibles sans nombre, et qui sont inévitables dans les applications de l'électricité, sont les unes détruites, les autres neutralisées ou amoindries, toutes combattues avec succès par l'application de mon système du renversement alternatif du courant électrique dans les électro-aimants. Je vais le démontrer en les reprenant dans l'ordre où je les ai indiquées.

1° AVANTAGES DUS A LA DESTRUCTION OU A LA NEUTRALISATION DES CAUSES PERTURBATRICES ET NUISIBLES, GÉNÉRALES A TOUS LES GENRES D'APPLICATION DU COURANT ÉLECTRIQUE.

§ I

Destruction de la première cause perturbatrice.

SUPPRESSION DU RESSORT ANTAGONISTE OU DE RAPPEL.

Dès 1837 (voir section I, § I), j'étais arrivé à construire plusieurs appareils, où, en évitant l'emploi du ressort antagoniste, par l'application du principe du renversement alternatif du courant électrique dans les électro-aimants, que je venais de découvrir, j'avais, du même coup, évité ses inconvénients ainsi que ceux du magnétisme rémanent. Ces appareils étant consacrés à des essais pour la construction d'électro-moteurs puissants, et mes recherches m'ayant démontré l'impossibilité de réaliser cette idée, dans l'état actuel de la science à cette époque, je ne suis revenu à ce point si capital du ressort antagoniste que lorsque je me suis mis à m'occuper de la question éminemment intéressante de l'application de l'électricité à la transmission télégraphique des dépêches, ce qui, du même trait, m'a conduit à celle de la transmission électrique du temps, dont j'ai trouvé la solution.

J'ai été tout d'abord frappé, comme ceux que leur position ou leurs goûts ont portés vers les études télégraphiques, de tout ce que le ressort antagoniste a de gênant et de défectueux. Rien ne prouve mieux, en effet, la gravité de ses inconvénients, surtout dans les appareils électro-moteurs, que les nombreux efforts faits dans ce but par des savants, des ingénieurs et des constructeurs de tous les pays.

J'ai été le premier à les détruire et cela en supprimant le ressort antagoniste lui-même. Mon système de renversement alternatif du courant, combiné d'après le principe que j'avais découvert, en donnait l'unique moyen.

En 1846, j'ai fait fonctionner à l'Université de Liége un télégraphe et une horloge électrique d'après ce système. En 1848, dans une note du mois de mars, suivie d'un mémoire du mois de juin de la même année, adressés à l'Institut de France (Académie des sciences) (1), *j'ai signalé et proposé l'application de mon principe du renversement alternatif du courant électrique dans les électro-aimants*, premièrement pour *supprimer le ressort antagoniste* ou de rappel dans les télégraphes, les horloges électriques et les électro-moteurs en général, afin d'éviter son réglage et les difficultés et les retards qu'il occasionne; deuxièmement pour *paralyser complétement les effets nuisibles du magnétisme rémanent;* et troisièmement pour *se procurer l'avantage remarquable d'une force motrice nouvelle* qui se trouve inactive et perdue dans le système de l'interruption du courant et que j'utilise au maximum dans mon système du renversement à armature aimantée.

Pour bien comprendre les motifs de l'insuccès de toutes les

(1) Voir *Comptes rendus hebdomadaires des séances de l'Académie des sciences,* t. XXIV, p. 566 à 568. Paris, Bachelier; 1868, et idem, t. XXVII, p. 25.

Voir aussi mes *Mémoires* adressés à l'Académie royale des sciences, des lettres et des beaux-arts de Belgique aux mois de mai, juin et juillet 1850.

tentatives faites pour combattre les effets nuisibles et perturbateurs du ressort antagoniste, il ne faut pas perdre de vue qu'il
remplit une fonction indispensable, celle de ramener la palette
de fer doux à sa position initiale, après que, attirée par un électro-aimant, elle a agi utilement (afin qu'elle puisse le faire de
nouveau), et qu'en outre, le réglage de ce ressort amène des difficultés inextricables. Voyons comment :

Lorsque le ressort est amené à un degré fixe de tension, il est
une force constante et conserve, par conséquent, toujours la
même énergie; tandis que l'intensité du courant est une force
variable, continuellement modifiée par l'action des différentes
causes perturbatrices que nous connaissons et qui elles-mêmes
varient sans cesse. Il en résulte que le rapport de grandeur entre
la tension constante du ressort et l'action magnétique de l'électro-
aimant varie nécessairement à chaque moment.

Or, la marche régulière des appareils exige que ce rapport
reste toujours le même. En effet, quand le courant est faible et
que le ressort est très-tendu, l'électro-aimant ne pourra déplacer
la palette aimantée mobile; si, au contraire, le ressort est peu
tendu et que le courant soit intense, il ne sera pas en état de
ramener la palette à sa position initiale indispensable, après la
rupture du circuit, parce que l'électro-aimant l'arrêtera et le
retiendra en vertu du magnétisme rémanent qu'il conserve et qui
est à peu près proportionnel à celui que le courant avait développé. Il s'ensuit qu'il est impossible que les oscillations de l'armature dans un électro-moteur se fassent promptement, sans
trouble et sans irrégularité, à moins que la tension du ressort et
la force de l'électro-aimant ne conservent entre elles un rapport
déterminé et constant.

Mais comment réaliser ce rapport? La chose paraissait impossible. Il n'y avait qu'un remède auquel il semblait qu'on ne pût
songer, la suppression même du ressort. Mes recherches préliminaires m'y avaient en quelque sorte préparé, lorsque, n'ayant
pu obtenir de mouvement oscillatoire par les attractions et les
répulsions successives (voir section I, § II, pp. 7 et 8), elles me
firent découvrir le principe de solidarité des attractions et des

répulsions simultanées et conspirantes de deux électro-aimants sur les deux pôles de nom contraire d'une armature aimantée et réciproquement.

Supprimons maintenant le ressort antagoniste et remplaçons-le par l'action du renversement alternatif du courant dans les électro-aimants des électro-moteurs, télégraphes, horloges, etc.; employons une armature aimantée mobile, ou palette aimantée de bonne qualité d'acier, ayant la même forme et le même poids que les armatures de fer doux en usage dans les appareils semblables où le courant est interrompu, avec ressort antagoniste; remarquons toutefois que l'armature mobile ne doit jamais parvenir en contact avec les électro-aimants, et observons ce qui se passe lorsque le circuit du courant est établi. L'électro-aimant n'a plus à vaincre la résistance d'un ressort tendu : il a seulement à déplacer l'armature qu'il attire, aidé en cela par la répulsion du pôle contraire; par suite le mouvement rapide ou saccadé de cette armature, qui porte l'aiguille ou le levier léger dont la fonction est d'imprimer l'action utile dans les télégraphes, les horloges, etc., se trouve accompli, avec une facilité, une amplitude et une sécurité incomparables. Or, ce grand avantage se reproduit toujours dans chaque appareil, au même degré; car si la force magnétique développée dans l'électro-aimant était supérieure à celle nécessaire à la réalisation du mouvement précité, loin d'être un inconvénient, elle contribuerait, au contraire, à ce qu'il eût lieu avec plus de rapidité, dans les appareils dont la vitesse serait susceptible d'être augmentée.

Au cabinet de physique de l'Université de Liége, j'ai souvent vérifié qu'un télégraphe, marchant lentement avec un élément Daniel, marchait de mieux en mieux en élevant successivement le nombre jusqu'à 30, maximum qu'il ne m'a pas été possible de dépasser, faute d'avoir plus d'éléments à ma disposition (1).

(1) Voir plus loin pour l'emploi en Belgique de mon système d'armature aimantée avec suppression du ressort antagoniste ou de rappel, p. 80.

§ II

Destruction de la deuxième cause perturbatrice.

—

DESTRUCTION DU MAGNÉTISME RÉMANENT.

Le renversement alternatif du courant annule la résistance variable, mais souvent très-grande, du magnétisme rémanent. Par sa destruction presque instantanée, il ne lui laisse pas le temps d'exercer aucune influence nuisible sur l'armature.

Il est évident que, tout en détruisant une résistance dont la variabilité est un inconvénient de plus, le renversement du courant augmente la puissance magnétique de l'électro-aimant de toute la force que celui-ci ne dépense pas à le combattre ; il procure donc le double résultat de la suppression d'un obstacle et de l'augmentation de la force motrice. Ce dernier résultat ne se produit pas, comme le premier, avec le renversement du courant par attraction seule, mais uniquement avec le renversement appliqué d'après mon système d'armature aimantée. (Voir au ressort antagoniste pour les détails des effets nuisibles du magnétisme rémanent.)

Les expériences que j'ai faites au Ministère de l'Intérieur à Paris en 1850, en présence de MM. Alexandre, administrateur des lignes télégraphiques, et Bréguet, président du bureau des longitudes (1), ont démontré, d'une manière incontestable, ce résultat important de l'accroissement de la force motrice. J'aurai à revenir sur ces expériences, en parlant des avantages ou *effets nouveaux* uniquement possibles avec mon système d'armatures aimantées.

---

(1) Voir mes *Recherches sur la télégraphie électrique*, déjà citées, pp. 22 à 27, et mon *Traité général des applications de l'électricité*, pp. 76 à 79 et 515 à 516.

§ III

Destruction de la troisième cause perturbatrice.

DESTRUCTION ET ATTÉNUATION DE L'INFLUENCE NUISIBLE DES VARIABILITÉS
DE L'INTENSITÉ DU COURANT.

Nous avons indiqué au § III, section III, plusieurs circonstances occasionnant des variabilités dans l'intensité du courant. Ces circonstances, que leur nature même ne permet pas d'éviter, perdent singulièrement de leur gravité par le renversement du courant; non-seulement il résiste constamment aux influences nuisibles des variabilités produites et les affaiblit sensiblement par son accroissement de force, mais il les empêche de s'accumuler et par là il en atténue déjà les résultats inévitables.

Le même effet du déplacement des molécules du fer et du cuivre, indiqué pp. 31 et 32 comme contribuant à la formation du magnétisme rémanent, est aussi naturellement un motif de variabilités de l'intensité du courant. Cette polarisation (1), dont nous avons parlé, des fils de fer conducteurs, aériens et, à plus forte raison, souterrains ou sous-marins, existe également dans les fils conducteurs de cuivre, et elle les rend tous roides et cassants, à tel point que l'observation microscopique indique toujours, au point de fracture, un changement complet dans l'état moléculaire du métal (2).

Les expériences du célèbre physicien russe, M. de Jacobi, celles de M. Peltier et d'autres, comme les miennes, ont constaté ce fait, et l'on ne sait que trop combien la sûreté et la rapidité des transmissions télégraphiques en sont considérablement

---

(1) Voir mon *Traité général*, p. 68.

Voir le rapport de M. DE JACOBI. COSMOS, tome VI, pp. 345 et suivantes, et ses autres ouvrages.

(2) Voir le *Journal des Télégraphes*, n° 11, 15 octobre 1868. Paris.

entravées. Or, cette polarisation est déterminée par la direction constante du courant dans le même sens, c'est-à-dire qu'elle est une conséquence du procédé même de l'interruption du courant que je propose de remplacer; il en résulte que le renversement alternatif et régulier du courant après chaque émission, en rétablissant l'équilibre troublé dans les molécules du conducteur, empêche cette polarisation de se produire. Il est reconnu qu'en renversant le courant, le changement précité dans l'état moléculaire du métal n'a plus lieu.

Le passage du courant, d'un conducteur à un autre, est aussi rendu plus facile par la direction du courant alternativement en sens contraire; cela semble provenir de ce que, dans certaines actions électro-chimiques des piles, il se produit des oxydations et des dépôts divers près du pôle négatif, si le courant passe dans le même sens, et que ces dépôts sont décomposés et enlevés, s'il passe en sens contraire.

§ IV

Destruction de la quatrième cause perturbatrice.

—

DESTRUCTION ET NEUTRALISATION DE L'INFLUENCE NUISIBLE DE L'ÉLECTRICITÉ ATMOSPHÉRIQUE.

Ainsi que nous l'avons vu section III, § IV, l'électricité atmosphérique non orageuse qui règne habituellement dans l'air, peut agir et agit très-fréquemment sur les fils conducteurs des télégraphes, des horloges électriques, en un mot de tous les appareils exigeant des conducteurs extérieurs, occasionnant dans ces appareils des désordres graves. Lorsqu'elle est faible et en sens contraire, le renversement du courant la détruit complètement; lorsqu'elle est forte, il l'atténue considérablement et, phénomène remarquable, il l'oblige souvent à concourir au même but utile que lui, en l'entraînant si elle suit sa direction.

Il en est de même, à la tension près, dans les effets plus nuisibles encore de *l'électricité atmosphérique orageuse, nuage ora-*

geux, foudre (1), soit qu'elle agisse par *induction*, soit qu'elle agisse *directement.*

Dans le cas où le courant aérien est dirigé en sens contraire du courant voltaïque de la pile motrice, j'ai déjà expliqué, à l'occasion du magnétisme rémanent, comment le renversement du courant peut le détruire. Il paralyse de même toute électricité atmosphérique négative, par son pôle positif et toute électricité positive par son pôle négatif, constamment inversés. Dans le cas opposé, c'est-à-dire si le courant aérien est dirigé dans le même sens que le courant voltaïque, celui-ci, par son impulsion, entraîne le courant voltaïque ou contribue à le faire avancer dans la même direction et tous deux s'unissent en même temps, ou précédés l'un par l'autre si leur intensité diffère, pour produire avec une augmentation de force et une plus grande facilité le résultat demandé à l'appareil.

Dans l'interruption du courant, avec l'électricité atmosphérique on a, en outre, constamment à vaincre la tension du ressort antagoniste, et l'on conçoit le mal sans remède que cette électricité peut faire.

Les choses se passent de même, à l'énergie près, lorsqu'il y a influence des nuages orageux. Parfois l'électricité orageuse frappe avec violence les fils conducteurs et elle peut occasionner

(1) Ne traitant dans ce travail que de l'*importance du renversement du courant électrique*, ce n'est pas le lieu de mentionner l'emploi des parafoudres dans les services électriques, télégraphiques ou autres. J'ai examiné cette question dans mon *Traité général des applications de l'électricité*, § 2, p. 228, et j'en parlerai dans mon étude sur les paratonnerres. En effet, si le parafoudre *n'attire pas*, comme le paratonnerre, la foudre pour la diriger là où elle ne peut nuire, il a néanmoins ce point de commun avec lui, qu'une fois l'action de la foudre produite, il lui fournit aussi une issue inoffensive, après s'être d'abord interposé à son passage nuisible. Le parafoudre se borne donc à s'efforcer de détourner le danger tout en en laissant subsister la cause, tandis que la supériorité du Renversement du courant électrique consiste, tout en écartant ce danger, à en détruire ou à en atténuer la cause par la combinaison de ses propres molécules avec celles de l'*électricité orageuse* (*nuages orageux, foudre*) *induite ou directe*, produite dans le fil conducteur.

des irrégularités, voire même des avaries; dans ce cas, elle agit *directement*. Parfois, elle développe par *induction*, dans les fils conducteurs, des courants également positifs ou négatifs; alors elle agit indirectement. Le renversement du courant seul lutte toujours contre ces influences nuisibles avec un succès qui varie suivant l'intensité des nuages orageux. Mais les effets perturbateurs ne sont jamais à comparer, comme je viens de le prouver, avec ceux produits dans les appareils disposés pour interrompre le courant et non pour le renverser.

Ce résultat, très-important dans les électro-moteurs télégraphiques, est immense quand il s'agit des horloges électriques soumises sans une minute de répit à ces fâcheux effets. Supposons que le courant voltaïque soit alternativement renversé, que par suite le ressort antagoniste soit supprimé, et que son intensité soit 1, tandis que l'intensité du courant atmosphérique ou orageux, sans être foudroyant, soit 1′, la marche des télégraphes ou l'allure continuelle des horloges ne seront pas troublées, si la valeur de 1′ est telle que la différence 1 — 1′ soit équivalente à l'intensité d'un courant pour faire marcher parfaitement les appareils interposés dans son circuit.

Le contraire arriverait dans les appareils fonctionnant par l'interruption successive du courant avec le ressort antagoniste.

Une expérience personnelle de plus de quatorze années m'a confirmé ces résultats, sans interruption.

Il faut bien remarquer que dans le cas où l'électricité atmosphérique agit, en produisant dans les horloges électriques soit un courant direct, soit un courant par induction, il y a à considérer trois forces qui agissent : 1° le courant voltaïque; 2° le courant électrique de l'atmosphère; 3° la force ou tension du ressort de rappel dans l'hypothèse de l'emploi de l'interruption du courant voltaïque avec ressort de rappel. Au contraire, dans le système du renversement alternatif du courant il n'y a que deux forces actives, le courant voltaïque et le courant électrique de l'atmosphère. Cette différence dans les deux systèmes est chose de la plus grande importance à considérer, quand il s'agit de faire marcher des horloges au moyen de l'électricité.

Remarquons encore que l'électricité atmosphérique, tant orageuse que non orageuse, est très-variable en durée et en tension. Supposons maintenant que l'influence électrique de l'atmosphère ait une limite de tension, que nous savons, d'après l'observation, être rarement atteinte par elle, même alors qu'elle est orageuse et agit par induction, à moins, toutefois, que le fil conducteur extérieur des horloges ou de l'horloge ne soit frappé directement soit par un gros éclair, soit par la foudre même.

Examinons la marche de deux horloges identiques A et B mues par deux courants a et b de même intensité, l'une, A avec le courant a, interrompu de minute en minute et avec ressort de rappel; et l'autre B avec renversement alternatif du courant b et sans ressort de rappel. Le courant b développe, conformément à l'expérience, un peu plus de magnétisme dans l'électro-aimant de B, que le courant a n'en développe dans l'électro-aimant de A. Représentons le surplus de force par x.

Le courant a et le courant b ont à produire chacun un effet utile qui est le même pour l'un comme pour l'autre. Or, pour le produire, le courant a doit vaincre, de plus, la tension du ressort de rappel, la force du magnétisme rémanent dans l'électro-aimant de l'horloge A et l'excès de force que nous avons représenté plus haut par x. Par conséquent, la force motrice, c'est-à-dire l'intensité du courant a devra être notablement plus grande que celle du courant b *pour produire le même effet utile*. L'avantage d'obtenir le même effet utile avec le courant b, qui pourrait être moins intense, parce qu'il n'a pas ces trois forces à vaincre, provient uniquement de mon système du renversement alternatif du courant dans l'électro-aimant de l'horloge B. La durée du contact de la lame-ressort métallique qui amène le courant en contact avec une autre lame-ressort métallique laquelle le reçoit et le transmet dans l'électro-aimant de l'horloge pour en changer la direction un instant après, est plus longue qu'elle ne le serait si le courant était interrompu, et cela procure un nouvel avantage au système du renversement du courant, comme nous le verrons dans un instant.

Le courant électrique de l'atmosphère peut agir en même temps que le courant voltaïque soit avant lui, soit après lui.

Admettons que les courants a et b aient chacun une force suffisante pour vaincre la tension électrique maxima de l'atmosphère, et examinons les cas suivants :

Cas Bb du renversement alternatif du courant. — 1° Si le courant voltaïque b et le courant électrique de l'atmosphère c parcourent simultanément les fils des électro-aimants des horloges ou le fil d'un électro-aimant d'une horloge et qu'ils soient dirigés dans le même sens, ils s'aideront l'un l'autre, sans qu'il en résulte aucune perturbation ;

2° Si le courant b agit d'abord et qu'il soit suivi du courant c, b avancera la minuterie d'une minute, et c tendant à produire le même effet, n'imprimera aucun mouvement à la minuterie, quelle que soit la tension de c, par suite du renversement ou retour du courant ;

3° Si le courant c agit avant le courant b, c'est c qui avancera la minuterie d'une minute, et le courant b laissera la minuterie en place, quelle que soit la tension de c ;

4° Si les courants b et c agissent simultanément et en sens contraire l'un de l'autre, le courant b neutralisera le courant c et produira ensuite son effet régulier ;

5° Si le courant c agit en sens contraire et *avant* b, et s'il avance la minuterie, quelques moments après, le courant b changera de direction et tendra à produire l'effet que c a déjà produit ;

6° Si le courant c agit en sens contraire et *après* b, la même chose arrivera que dans le n° 5, ce sera a qui avancera la minuterie.

Cas Aa de l'interruption successive du courant. — 1° Si le courant voltaïque a et le courant atmosphérique c agissent simultanément et dans le même sens, leurs effets s'ajoutent ; mais lorsque le courant voltaïque, après avoir produit son mouvement utile, cesse et que le courant atmosphérique continue d'agir, la minuterie avancera de nouveau pendant le temps qu'elle devrait rester en repos par suite de l'impuissance du ressort de rappel à ramener la palette de fer doux à sa place ;

2° Si le courant a agit d'abord et qu'avant la fin de la même minute agisse le courant c, c'est a qui avancera la minuterie, mais le ressort de rappel, supposé suffisamment tendu, l'avancera de nouveau immédiatement après, tandis qu'elle devait rester en place ou immobile pour ne point faire un pas de trop ;

3° Si le courant c, agissant le premier, avance la minuterie avant la minute écoulée, et s'il cesse avant la fin de cette minute, avant que a agisse, le ressort avancera de nouveau la minuterie, et puis le courant a l'avançant à son tour, on comprend les irrégularités qui pourront se réaliser ;

4° Si le courant a et le courant c sont dirigés en sens contraire dans le fil du même électro-aimant de l'horloge ; qu'ils agissent simultanément, que le courant a agisse avant ou après le courant c, ou même que ces courants agissent en partie simultanément et en partie l'un après l'autre, la marche régulière de l'horloge ou des horloges, s'il y en a plusieurs, aura toujours à subir des accidents et quelquefois des accidents graves. Aussi les savants, ou constructeurs renommés, l'illustre sir Ch. Wheatstone, M. Bréguet, M. Hipp, ex-inspecteur des télégraphes suisses, qui ont établi des horloges électriques et qui avaient d'abord admis le procédé de l'interruption successive du courant avec ressort antagoniste ou de rappel, ont-ils été forcés de l'abandonner. M. Hipp, habile et intelligent constructeur, qui a placé des horloges électriques, m'a déclaré loyalement qu'il n'avait jamais été satisfait de la marche des horloges électriques, qu'il avait placées, qu'après y avoir remplacé le système de l'interruption successive du courant électrique avec armature de fer doux, par mon système du renversement alternatif du courant dans les électro-aimants avec armature aimantée (1). Le célèbre sir Ch. Wheatstone m'a avoué lui-même qu'il avait d'abord employé dans les horloges le système de l'interruption du courant, mais qu'il avait adopté après le système de renverser le courant alternativement dans les électro-aimants moteurs des horloges, avec armature aimantée.

Remarque générale. — Nous ne pouvons jamais connaître que par l'observation et après que le phénomène a eu lieu, quel était le degré de variabilité, la durée et la limite de la tension de l'influence qu'a exercée l'électricité atmosphérique pour produire

____

(1) Voir pp. 74 et 75.

le phénomène que nous étudions. Mais nous voulons pourtant et le public exige que la marche des horloges soit régulière, nonobstant l'action et l'influence des causes nuisibles; comment atteindre ce but? Je puis y arriver, excepté, bien entendu, comme je l'ai déjà dit plus haut, dans des cas de perturbations extraordinaires, violentes, mais heureusement rares. A cet effet remarquons 1° que, des trois forces dont nous avons signalé (page 58) l'existence dans le système d'horloges où l'on emploie l'interruption successive du courant électrique et le ressort de rappel, la dernière est une force constante ou très à peu près, et 2° que le ressort réglé à un certain degré déterminé conserve sa tension et s'efforce toujours d'avancer la minuterie quand même aucun des deux courants ne circule dans l'horloge.

Il en est tout autrement dans mon système du renversement alternatif du courant. Lorsque aucun courant ne circule dans l'électro-armant de l'horloge, la minuterie reste à la place où elle a été amenée précédemment, et rien ne porte à la mouvoir.

Il importe beaucoup, pour faire bien marcher des horloges dans un circuit, d'employer des courants sensiblement, je dirai presque notablement, plus intenses qu'il n'est nécessaire pour les faire bien marcher dans les cas où l'influence de l'électricité atmosphérique est ou nulle ou peu sensible. Or, pour remplir ces conditions, il faudra, sans nulle doute, employer un système d'horloge qui ne demandera aucun réglage, par conséquent le système d'horloges fonctionnant avec courant successivement interrompu ne pourra convenir en aucune manière; le réglage du ressort de rappel deviendrait une opération fréquente à effectuer, et l'exécution, sinon absolument impossible, du moins difficile, pénible et coûteuse, par le temps et la main-d'œuvre qu'elle exigera.

Au contraire, le système du renversement alternatif du courant se prête à merveille à remplir les conditions exigées. D'abord il ne demande aucun réglage; une preuve incontestable de ce fait remarquable se trouve : 1° dans les cinq séries d'expériences (voir pages 84, 85 et 86); 2° dans les deux attestations de M. Alexandre, administrateur des télégraphes français et de M. Bréguet.

Ensuite il exige beaucoup moins de force que celui à interrup-

tion du courant (1) parce que le courant qui traverse l'électro-
aimant de l'horloge n'a à vaincre ni la tension du ressort de
rappel, ni le magnétisme rémanent.

Je me suis étendu sur la destruction de cette quatrième cause
perturbatrice parce que son importance est très-grande dans les
applications si répandues de l'électricité, exigeant des fils conducteurs extérieurs. Si j'ai pris pour exemple spécial les horloges
électriques, c'est parce que, établies au dehors et constamment
exposées à toutes les intempéries des saisons, aucun appareil,
par suite de sa marche non interrompue nuit et jour, n'est plus
sujet à subir les influences nuisibles de l'électricité atmosphérique. Les bienfaits du renversement du courant dans ces exemples sont d'autant plus frappants que l'isolement des horloges et
leur élévation dans les rues rendent leur accès d'autant plus
difficile pour le réglage du ressort, que mon système supprime.

Relativement à la destruction des effets perturbateurs de
*l'électricité atmosphérique orageuse sur les fils électriques conduc-
teurs souterrains et sous-marins*, effets rares qui ne peuvent se
comparer, comme je l'ai dit, avec ceux produits sur les fils aériens,
on comprend par les explications que je viens de donner comment le renversement alternatif du courant les détruit aisément,
sauf dans des cas tout à fait exceptionnels où toutefois il les
atténue encore.

§ V

Destruction de la cinquième cause perturbatrice.

—

NEUTRALISATION ET ATTÉNUATION DE L'INFLUENCE DES AURORES POLAIRES,
BORÉALES ET AUSTRALES.

Dans les climats tropiques et tempérés, les effets nuisibles de
ces phénomènes ne se font pas souvent sentir, ainsi que je l'ai

(1) J'attire l'attention sur la note en bas de la page 84 de la première
série d'expériences constatant l'infériorité des meilleurs appareils Bréguet
sur un appareil de mon système.

dit plus haut; mais il n'en n'est pas ainsi à de grandes latitudes où ils sont très-fréquents, presque journaliers, même dans les régions polaires.

La tension des courants induits dans les fils télégraphiques pendant la durée d'une aurore est très-variable, et ces courants, comme nous l'avons vu, changent même quelquefois de nature, surtout au commencement de l'aurore, c'est-à-dire que leur électricité, de négative qu'elle était, devient positive et réciproquement. Quoique très-rarement, la puissance d'une aurore boréale peut devenir telle qu'à Cincinnati il a été possible de télégraphier pendant plusieurs heures avec le courant d'induction que l'aurore avait développé dans les fils conducteurs.

Les influences fâcheuses de ces phénomènes sont nécessairement amoindries, comme les courants d'induction des nuages orageux, par l'alternativité du renversement du courant :

1° Lorsque les courants perturbateurs que produit l'aurore boréale sont faibles, ils ne pourront pas empêcher la transmission des dépêches dans le système du renversement alternatif du courant, car on se rappelle premièrement qu'il n'y a aucun réglage à effectuer, secondement que l'appareil où le courant est alternativement renversé, fonctionne avec des courants d'intensités très-différentes; ce qui n'a pas lieu avec le procédé de l'interruption;

2° Lorsque les courants induits ou telluriques (courants induits par le courant de la terre dirigé du pôle boréal vers l'équateur) s'accroissent sensiblement au point de faire coller l'armature à l'électro-aimant, on n'aura encore rien à changer dans la transmission des dépêches; le courant renversé ayant une force égale au courant émis, il doit pouvoir résister assez énergiquement à cette vive influence. Tout au plus aurait-on à augmenter la puissance du courant renversé, car en renversant le courant alternativement, on peut varier, augmenter ou diminuer le nombre des éléments à volonté! (Voir pages 84, 85 et 86, les cinq séries d'expériences, notamment les expériences de la première série, où le courant, parti de Paris à Bourges, est revenu d'abord par la terre, et ensuite par un second fil, ce qui doublait la résistance que le courant avait à vaincre.) Eh bien, au bureau de Paris, on a varié

successivement le nombre des éléments de la pile, depuis trente
éléments jusqu'à sept, nombre absolument insuffisant, et les dépêches ont été transmises sans erreur aucune; cependant la distance
entre Paris et Bourges est, aller et retour, de 470 kilomètres.
Conformément à ce magnifique résultat, on voit que la corres-
dance télégraphique ne peut guère être troublée, si l'on transmet
avec un appareil qui renverse le courant alternativement en sens
contraire, soit que le courant parcoure un seul fil, soit qu'il re-
vienne à la station qui transmet par un second fil. Les résultats
qui précèdent s'appliquent à tous les appareils électro-moteurs,
comme on doit le comprendre;

3° Enfin, dans les cas extrêmes, bien exceptionnels, puisqu'il
paraît que sur des fils électriques se trouvant au-dessous de
30 milles, les aurores polaires sont à peu près insignifiantes ou
exercent très-peu d'influence, on peut diviser la ligne nécessaire
en plusieurs lignes, renversant le courant dans chacune d'elles.
Le courant renversé ayant une force égale au courant émis, il
doit pouvoir résister assez énergiquement à cette vive influence.

§ VI

Destruction de la sixième cause perturbatrice.

DESTRUCTION DU COURANT DE DÉCHARGE.

Dans les lignes aériennes d'une très-grande longueur, surtout
dans les lignes souterraines, la neutralisation du courant de décharge est très-importante, mais dans les câbles sous-marins,
cette importance est telle que la transmission télégraphique n'a
pu s'y faire qu'en renversant alternativement le courant (1). Ce

---

(1) Voir le *Rapport de M. Barnard,* président du Collége de Colombie,
commissaire des États-Unis et membre du jury international à l'Exposition
universelle de Paris en 1867. Après y avoir constaté que le jury n'a pas été
convoqué et n'a pu l'être à temps pour examiner les instruments que j'avais

renversement se combine avantageusement avec un contact de terre qui contribue à annihiler complétement dans le câble l'énorme résistance du courant de décharge. Voici de quelle manière je procède : après chaque émission du courant, je mets le fil du câble en contact avec la terre, je renverse le courant, puis j'émets un nouveau courant et ainsi de suite. Le courant de décharge commence à se perdre dans la terre au moment où le contact a lieu, et sa majeure partie, que ce contact ne détruit jamais, est ensuite neutralisée par le renversement du courant. Dans de très-longs câbles où la résistance est beaucoup plus développée que dans ceux d'une longueur moindre, il est bon d'user de la faculté qui existe toujours de prolonger un peu la durée du renversement, on lui donne ainsi plus de temps pour remplir son effet salutaire. Il ressort de cette explication, que le renversement du courant détruisant presque instantanément les obstacles à l'émission d'un nouveau courant voltaïque, il est d'un emploi indispensable pour accélérer la vitesse des transmissions, surtout de celles sous-marines, déjà si entravées.

A l'appui de ce qui précède et pour expliquer clairement comment il est le plus avantageux d'appliquer à la destruction de cette cause perturbatrice si grave le renversement alternatif du courant, je vais indiquer ici ce qui constitue un télégraphe sous-marin et décrire sommairement celui que j'ai imaginé.

On remarquera que ceux en usage emploient le renversement du courant ou courant négatif avec des galvanomètres récepteurs qui n'exigent aucune disposition spéciale, tandis que le mien fait usage d'électro-aimants récepteurs au moyen de mon système à armature aimantée, basé sur la théorie du principe que j'ai trouvé.

exposés et qui avaient été égarés par la Commission belge, il y exprime le
» regret que « *le Principe du Renversement du Courant électrique* répandu
» dans tout le monde à toutes sortes d'instruments, *principe sans lequel la*
» *communication électrique transocéanique serait impossible,* qui est si fécond
» qu'on ne peut encore dire tout le grand bien qu'il peut faire et *dont*
» *M. Gloesener est l'inventeur et le premier en application, n'ait pas eu un*
» *grand prix,* etc. »

Théorie appliquée d'un nouveau télégraphe sous-marin de M. Gloesener.

Un télégraphe sous-marin se compose, comme tout autre télégraphe, d'un *manipulateur*, d'un *récepteur* et d'un *galvanomètre*, pour chaque station. Le conducteur qui réunit la station A qui transmet les dépêches à celle B qui les reçoit est désigné sous le nom de *câble sous-marin*. — Un câble se compose de trois parties distinctes : 1° d'un fil conducteur de cuivre rouge qui transmet le courant, et que l'on désigne sous le nom d'âme du câble; 2° de plusieurs couches isolantes qui recouvrent le fil pour éviter toute perte du courant; 3° d'une armure de dix, douze, etc., fils de fer, de 5 à 6 millimètres de diamètre qui protégent les couches isolantes contre toutes avaries extérieures. Le fil conducteur même est presque toujours formé de plusieurs fils, le plus souvent au nombre de sept tordus en une seule corde. Les sept fils du câble, placé entre l'Irlande et Terre-Neuve, ont chacun $0^m,002$ et sont équivalents à un seul de $2^{mm},5$ de diamètre. L'isolement du fil conducteur se fait de différentes manières. Par exemple, le câble fabriqué en 1859 se composait d'une corde de sept fils de cuivre, de deux couches de gutta-percha alternant avec deux couches de Chatterton (composition formée d'une enveloppe de chanvre) et d'une armature de dix-huit fils de fer de 1 millimètre et demi de diamètre remplacés aux abords des côtes par neuf fils de fer de 5 millimètres et demi. Le rendement ou la vitesse de transmission d'un câble est proportionnelle à la conductibilité absolue du fil conducteur, et en raison inverse de sa capacité électro-statique. L'augmentation du diamètre du fil de cuivre et celle de l'épaisseur de la couche isolante accroissent la vitesse de transmission, mais cette vitesse ne s'accroît que dans le rapport de la racine carrée de l'épaisseur de la couche isolante, et augmente au contraire proportionnellement à la conductibilité absolue du fil conducteur, toutes choses égales d'ailleurs.

Manipulateur sous-marin. — La théorie d'un bon manipulateur exige qu'il remplisse les conditions suivantes : 1° d'envoyer le courant d'une pile de la station A où il est placé dans un galvanomètre de cette station et dans le câble; 2° de communiquer

ensuite un moment avec la terre ; 3° de lancer, l'instant après, un
courant négatif dans le câble ; 4° de ne pas envoyer de courant
quand il est en repos, mais de pouvoir en recevoir venant de la
station correspondante B, lequel courant passe par un galvanomètre de cette station B, puis par le récepteur de la station A et
retourne par la terre dans la pile à la station B. Les manipulateurs que j'ai combinés pour renverser le courant alternativement dans les électro-aimants de mes appareils télégraphiques et
autres réunissent toutes ces qualités. Seulement il n'est utile de
faire communiquer le fil de ligne avec la terre avant de renverser
le courant que pour les transmissions sous-marines. Je ne m'ar-
rêterai donc pas à la description détaillée de mon manipulateur
et j'aborde de suite celle de mon nouveau récepteur, à renversement du courant, nécessaire pour faire comprendre l'importance
de son application aux lignes sous-marines si affectées par le *courant de décharge.*

Récepteur sous-marin. — Un axe horizontal en acier trempé
très-dur de 8 centimètres de longueur et de 4 à 5 millimètres de
diamètre, est supporté sur deux agates fixées dans des trous percés
dans des supports verticaux en bronze. Les extrémités de l'axe sont
terminées chacune en cône soigneusement poli, très-effilé et ne
touchant les agates que par une petite partie d'un rayon fort restreint. A un centimètre de distance de chacun des deux supports
je pratique transversalement dans l'axe une fente de 10 millimètres de longueur et de 6 de hauteur ; j'introduis dans chacune une lame d'acier trempée dur et aimantée à saturation, percée
d'un trou en son milieu et je les attache chacune par une vis. Les
pôles des deux lames sont tournés en sens inverse les uns des
autres, de façon que le magnétisme terrestre ne puisse exercer
aucune influence sur eux ; les courses des lames aimantées sont
réglées par des vis. Je fixe sous les pôles des palettes aimantées
et très-près, à gauche, un électro-aimant à deux branches formé
de fils de fer isolés entre eux de 2 millimètres de diamètre, et je
place à droite sous les pôles des palettes un électro-aimant tout à
fait semblable. Il faut remarquer qu'au moyen de vis on peut rapprocher ou éloigner les électro-aimants des palettes aimantées, en
les soulevant ou en les abaissant, et que le courant qui les parcourt

est dirigé de manière que si les pôles qu'il développe dans l'électro-aimant placé à gauche attire les pôles voisins des palettes, l'électro-aimant placé à droite repousse les pôles des palettes qui sont près de lui. Lorsque le courant est renversé, les pôles des électro-aimants qui ont attiré repousseront, et ceux qui ont repoussé attireront; mais, dans les deux cas, il y a attraction et répulsion simultanées et conspirantes des électro-aimants sur les palettes aimantées.

Pour noyau de fer des électro-aimants, je choisis des fils de fer isolés, parce que des courants, même excessivement faibles, y développent plus facilement et plus promptement du magnétisme que dans des noyaux plus ou moins massifs, et de plus j'évite la formation de courants périphériques et nuisibles.

Pour écrire sur une bande de papier des points et des lignes, j'ajuste convenablement sur l'axe de l'appareil une courte tige pointue en aluminium, et je lui fais tracer des points et des traits dans du noir de fumée sur une bande de papier ou sur une couche mince d'un vernis particulier dont j'induis une bande de papier. Le mouvement de cet appareil est extrèmement facile, je puis écrire à des distances très-grandes, mais pourrai-je le faire à la distance de 3,300 kilomètres qui séparent l'Irlande de Terre-Neuve? Je voudrais pouvoir en faire l'expérience. En tous cas, mon appareil pourra servir comme relais et alors je ne doute pas que je n'atteigne mon but d'écrire directement dans les transmissions sous-marines; il pourra aussi servir comme translateur, si l'on ajuste sur l'axe une disposition fort simple propre à recevoir les courants positifs et négatifs d'une batterie locale et à les transmettre alternativement en sens contraire, dans le fil de ligne et le fil de terre d'une autre station. L'appareil que je viens de décrire est éminemment convenable pour l'étude des courants terrestres. Toute personne ayant étudié théoriquement et expérimentalement les questions si intéressantes traitées ici, saisira aisément toute la portée de ce télégraphe sous-marin, sachant en outre que le télégraphe sous-marin employé et qui est du savant professeur Thomson, si intelligemment compris et favorisé dans ses ingénieuses constructions, est un galvanomètre dont l'aiguille aimantée (tellement fine, qu'avec un miroir en acier ils ne pèsent ensemble qu'un décigramme) est maintenue dans une direction déterminée par un fort aimant artificiel. Pour transmettre la dépêche écrite, ce télégraphe exige en outre à la station de réception l'emploi d'un appareil Morse. Le savant ingénieur Varley, d'autre part, se sert du courant négatif (renversé) avec une seconde pile, non pour produire un signal télégraphique utile, mais uniquement pour le résultat, d'ailleurs capital, de détruire le courant de décharge qui reste dans le câble et qui, sans cela, empêcherait, comme il a été dit plus haut, les communications transocéaniques (1). Il en est de même de M. Siemens.

J'ai encore conçu et construit un autre télégraphe sous-marin, avec lequel on peut écrire double sur deux lignes parallèles, au moyen d'un nouveau galvanomètre qui a deux molettes; ce galvanomètre est recouvert de beaucoup de fil et a *trois aiguilles*. Je suis le premier qui ait employé *trois aiguilles* pour augmenter la force. Dans cet appareil le courant est évidemment trop faible pour écrire à de très-grandes distances, mais il peut être fort utile pour une transmission prompte à des distances modérées ainsi pour que l'étude de scourants terrestres.

§ VII

Destruction de la septième cause perturbatrice.

—

DESTRUCTION DU COURANT DE RETOUR.

Le courant que je désigne ainsi est distinct, comme on se le rappelle, du précédent auquel on donne quelquefois le même nom; je crois inutile, après tout ce qui précède, de répéter, comment le renversement du courant le détruit. Il le combat victorieusement de la même manière et par les mêmes effets que ceux qu'il oppose au magnétisme rémanent, à l'électricité atmosphérique, au courant de décharge, en un mot, à tous les courants nuisibles.

(1) Voir le Rapport de M. Barnard déjà cité, pp. 65 et 66.

§ VIII

Destruction de la huitième cause perturbatrice.

—

DESTRUCTION PRESQUE COMPLÈTE DE LA POLARISATION GALVANIQUE.

Les deux causes nuisibles, c'est-à-dire l'affaiblissement du courant de la pile produit par la couche d'hydrogène *adhérente* à la lame négative de cuivre et le courant *secondaire*, sont détruites à la fois et par conséquent rendues inoffensives, grâce à leur destruction simultanée par le renversement alternatif du courant de la pile : le courant positif ou direct occasionne cette cause perturbatrice et le courant renversé la détruit. L'hydrogène se combine avec l'oxygène pour refaire de l'eau et les dépôts sur la lame négative se dissolvent. Dans des expériences, des études, ou des recherches, on fait disparaître la polarisation galvanique en agitant constamment la dissolution sur laquelle on expérimente; mais dans les applications de l'électricité, on conçoit qu'on ne peut avoir recours à ce moyen.

§ IX

Destruction de la neuvième cause perturbatrice.

—

ATTÉNUATION DE L'EFFET NUISIBLE DE L'ÉTINCELLE ÉLECTRIQUE.

Pour paralyser cette cause nuisible, il faudrait interrompre le courant avant de rompre le contact de deux lames-ressorts, ou interrompre le courant dans le vide, s'il était possible; mais ces moyens, qui ne sont guère praticables, sont d'ailleurs inutiles par le renversement alternatif du courant de la pile; on aura soin de disposer les lames-ressorts en contact de manière que l'une frotte sur l'autre en glissant sur la surface première.

Une expérience de quatorze ans m'a prouvé que ce procédé suffit parfaitement, puisque pendant ce laps de temps très-long je n'ai jamais eu besoin de changer les lames de contact en platine des lames-ressorts de mon commutateur qui transmet le courant alternativement renversé de minute en minute dans les nombreuses horloges électriques de mon système établies à Liége.

A ce sujet je signalerai encore un fait remarquable. En voulant éviter les étincelles qui se produisent quelquefois dans les horloges électriques par suite d'une solution de continuité dans les fils conducteurs, on avait ajouté, dit M. de la Rive, au mécanisme une petite plaque de platine, qui devait transmettre le courant d'une manière indépendante; il arriva qu'au bout de trois mois la platine était désagrégée (1). Mon expérience sur un circuit d'environ 20,000 mètres m'a prouvé que cet inconvénient ne se produit jamais avec mon système de renversement à armature aimantée.

MM. Becquerel et Ruhmkorff ont constaté, et moi-même je l'avais fait dans mes expériences rapportées à la section I, § I et II, que l'étincelle électrique oxyde les surfaces des corps métalliques et diminue leur conductibilité; cette circonstance ne s'est pas encore présentée dans mon système d'horloges électriques.

A l'égard des *extra-courants inverses* et *directs* et des *courants d'induction*, qui amoindrissent la puissance magnétique des électro-courants, les avantages sont les mêmes. Le renversement alternatif du courant en amoindrit considérablement les inconvénients.

Ces avantages précieux dans toutes les applications scientifiques du courant avec électro-aimants ont une extrême importance dans tous les électro-moteurs et spécialement dans les télégraphes et les horloges électriques, les premiers universellement répandus, et les secondes appelées désormais à l'être.

Il y a une remarque générale à faire en terminant la première catégorie des *avantages dus à la destruction ou à la neutralisation des causes perturbatrices inévitables et générales à tous les genres d'application du courant électrique,* par le principe du renversement alternatif du courant dans les électro-aimants :

C'est qu'en vertu de ce principe, c'est toujours l'électricité elle-

____

(1) Voir M. de la Rive, Académie des sciences, séance du 7 avril 1856.

même qui détruit le mal qu'elle a produit ou qu'elle développe, le courant négatif, en effet, détruisant ou neutralisant le courant positif ou direct, c'est-à-dire, primitif. Rien de plus naturel et de plus rationnel que cette théorie. Dans le procédé de l'interruption où l'on cherche à corriger les défauts inhérents à l'augmentation de puissance que donnent seuls les électro-aimants, par des voies autres que le renversement du courant, on s'efforce de s'en défendre par des moyens détournés et indirects et par des palliatifs plus ou moins insuffisants, ou bien, et c'est le cas le plus fréquent, on en subit les inconvénients. Outre la supériorité de son action, le principe du renversement du courant est donc le moyen le plus simple, le plus sûr et le seul direct.

2° AVANTAGES SPÉCIAUX DIVERS DUS A L'EMPLOI DE MON SYSTÈME DU RENVERSEMENT ALTERNATIF DU COURANT AVEC ARMATURE AIMANTÉE.

Avant de les examiner, je dois attirer l'attention sur ce fait que ceux des avantages déjà cités qui sont produits par mon renversement par seule attraction, acquièrent une valeur toute spéciale en employant mon système de renversement avec armature aimantée. Cela tient à ce que la force motrice du courant renversé est augmentée, dans ce dernier cas, par la combinaison des forces attractives et répulsives, simultanées et conspirantes dont nous avons exposé les effets (1).

Je ferai encore remarquer que parmi les avantages dus à la destruction des causes perturbatrices et de leurs effets nuisibles que nous venons d'étudier, si les uns ont lieu par le renversement par seule attraction qui exige trois fils et ne convient guère que pour les petites distances, plusieurs autres des plus importants ne sont obtenus que par l'application de mon système du renversement du courant avec armature aimantée qui n'a besoin que de deux fils et s'emploie pour toutes distances.

L'un des problèmes les plus délicats est assurément celui de la *Transmission électrique du temps* au moyen de longs fils conducteurs. Nombre de savants et presque tous les constructeurs

(1) Voir pp. **20** et suivantes.

de télégraphes ou même d'instruments de physique et de chrono-
mètres se sont efforcés de le résoudre; parmi les plus distingués,
je citerai MM. Wheatstone, Steinheil, Bréguet, Paul Garnier,
Froment, tous n'ont obtenu que des résulats imparfaits, malgré
leur talent éminent et leur habileté incontestable. Il est de toute
impossibilité, en effet, qu'avec l'interruption du courant et le ressort antagoniste ou de rappel, on obtienne des résultats certains
et réguliers. Ce n'est qu'au prix d'une surveillance coûteuse et
difficile (nous l'avons fait observer, p. 63), sans même offrir de
sécurité, qu'on a essayé d'établir des horloges électriques d'après
ce procédé. Telle a été longtemps la cause qui s'est opposée à la
propagation de cette curieuse application de l'électricité, destinée
à rendre de grands services.

Plusieurs personnes qui en ont eu l'occasion, l'illustre
M. Wheatstone (1), M. Bréguet (2), M. Hipp (3) et quelques

(1) Comme membre du jury international à l'Exposition universelle de
Paris en 1855. M. Wheatstone, ayant vu mes appareils à renversement du
courant dans les électro-aimants, fut très-frappé de mon *système d'armature
aimantée*, résultat, je ne puis assez insister sur ce point, de la *théorie* que
j'ai reconnue et donnée du *Principe* trouvé dans mes recherches scientifiques. Il me fit l'honneur de l'admirer et demanda même s'il était protégé par
des *patents*.

Qu'il me soit permis à cette occasion de rappeler les regrets flatteurs
exprimés par ce célèbre physicien à l'éminent R. P. Secchi et consignés par
ce dernier dans une attestation relative à mes instruments à l'Exposition
universelle de Paris en 1867. « M. Wheatstone a été aussi très-affligé de ce
» que vos beaux appareils (égarés par la Commission belge) n'ont pu être
» visités et que justice n'a pu vous être rendue, surtout pour le Principe du
» Renversement du Courant que vous avez le premier imaginé avec les
» électro-aimants et que vous avez appliqué à tant d'ingénieux appareils... »
(Voir l'Attestation du R. P. Secchi. Paris, 1867.)

(2) Voir son Attestation, pp. 97 et 98. Il reconnait en outre, dans sa correspondance, que je lui ai parlé du Renversement du Courant des années aupa-
ravant.

(3) Dans une déclaration écrite, à l'occasion de l'Exposition universelle de
Paris, en 1867, M. Hipp, directeur de la fabrique des télégraphes de Neuchâtel,
ci-devant inspecteur des télégraphes suisses, m'a dit: « Je peux vous assurer
» que c'est à vous que je dois la première notion sur le courant renversé et la

autres, ont mieux réussi, comme nous l'avons dit, lorsque plus tard elles ont essayé d'appliquer mon système de Renversement du Courant dans les électro-aimants; toutefois, soit que les dispositions de leurs organes fixes ou mobiles laissassent à désirer chez certaines d'entre elles, soit qu'elles n'eussent pas compris comme moi, faute de recherches aussi approfondies sur ce point, la valeur théorique du Principe que j'ai trouvé et par conséquent tout le parti qu'on peut tirer de mon système, il ne faut point s'étonner si les progrès, quoique très-notables et proclamant l'importance du Renversement du Courant dans les électro-aimants, n'ont point réalisé en général tout le succès que j'ai su atteindre.

Ce travail scientifique contribuera, je l'espère, à faire apprécier et partant à répandre et à propager tous les avantages que je crois de mon devoir de signaler. Les savants pourront y trouver des conséquences nouvelles à déduire, et les spécialistes profiter et faire jouir des beaux résultats déjà acquis.

Je ne dirai rien ici de *mon horloge électro-magnétique* exécutée en 1846 (1), et je me bornerai à déclarer qu'une longue expérience de l'application de ma théorie me permet d'affirmer que j'ai trouvé la solution vraie du problème de *l'horlogerie électrique*. Je suis prêt à le prouver, non-seulement par de nombreux documents qui le constatent, et par toute expérience qui me sera demandée, mais par la réalisation de mon système établi dans plusieurs villes belges et étrangères, notamment à Liége où soixante horloges électriques distribuent l'heure et la minute depuis quatorze ans dans les différents quartiers de la ville (qui

» suppression du ressort antagoniste, et c'est déjà un bon nombre d'années,
» vu que je me suis voué à la télégraphie depuis plus de vingt ans. »

» En dernier lieu j'ai employé votre système de Renversement du Courant dans mes horloges électriques, et, je peux vous le dire, avec une
» telle satisfaction, que je ne saurais le remplacer par un autre moyen. Ce
» système du renversement combiné, comme je l'ai fait, avec une forme
» nouvelle de l'électro-aimant qui permet à l'armature de faire un mouvement angulaire de 60°, m'a donné la preuve que ces sortes d'horloges
» marchent avec la plus grande sûreté, et, ce qui est bien important, avec
» moins de force d'électricité que tout autre système que j'ai essayé. »

(1) Voir section II, § II, p. 25.

réclament une plus grande extension). Dans ce dernier cas je me suis même trouvé dans des circonstances défavorables particulières, qui m'ont permis de juger de toutes les ressources qu'offre mon système.

Je terminerai l'exposé de l'avantage du système à armature aimantée, appliquée aux horloges électriques, dont l'importance réclame d'ailleurs une étude spéciale, en citant une expérience curieuse et intéressante que j'ai faite. Tandis qu'une très-petite horloge électrique avec interruption et ressort antagoniste de M. Nollet exigeait deux éléments Daniel pour marcher, une de mes horloges de grande dimension en demandait à peine un quart (1).

Des explications qui précèdent ainsi que des expériences citées, il résulte que le système de renverser alternativement le courant dans les électro-aimants exige bien moins de force que celui de l'interruption et par conséquent a besoin de moins d'éléments ou de piles moins puissantes pour produire les mêmes résultats. Ce n'est pas là, à divers points de vues, un de ses moindres avantages.

Les télégraphes électriques, devenus d'un usage presque universel, se trouveraient considérablement améliorés par l'adoption générale de mon système d'armature aimantée en remplacement de l'interruption du courant, et j'espère que ce mémoire contribuera à en étendre l'usage.

J'ai moi-même combiné et construit de *nombreux télégraphes* d'après mon système (2), et ils ont été très-appréciés. Certains constructeurs n'ont pas toujours usé de procédés délicats pour s'emparer de mes idées, notamment en Belgique où j'eusse été fier de conserver mes priviléges d'auteur. J'eusse désiré faire servir au profit de la science des facilités dont je n'ai jamais joui. C'est à mon insu et sans mon consentement que M. Lippens (3) s'est fait de mon invention un moyen pour obtenir la fourniture

(1) Voir aussi l'*Électricité* de M. F. DE CASTRO, p. 430. Paris, Lacroix et Baudry, 1859. MM. Schellen, de Jacobi, Muller et du Moncel.

(2) Voir mon *Traité général des applications*.

(3) Voir mes *Recherches télégraphiques*, pp. 109 à 111, 120 et suivantes, et l'Exposé du Cᵗᵉ DU MONCEL, pp. 68 et suiv., 2ᵉ dit., t. II, Hachette, Paris, 1850.

des télégraphes belges. Sa requête du 4 novembre 1850 au Ministre des Travaux publics, dit en effet : « le principe caractéristique et dominant du système que je propose est celui que M. Gloesener, professeur de physique à l'Université de Liége, a recommandé dans un mémoire à l'Institut de France en 1848. » — M. Lippens avait eu à sa disposition, ce que j'ignorais, un modèle d'appareil qui m'avait été demandé *en service* par le secrétaire de la Commission des télégraphes (1850); j'avais cru, en le confiant au Gouvernement, faire un dépôt sacré!... Ce n'est donc qu'avec beaucoup de peine et des difficultés de tous genres sans nombre, que j'ai fait mes recherches et exécuté mes appareils; les savants étrangers, dont quelques-uns s'occupent spécialement des phénomènes dus à l'électricité, ou d'autres branches de la physique, m'ont soutenu en m'encourageant à persévérer dans un genre de recherches d'un accès difficile, surtout dans les conditions défavorables où je me suis trouvé, recherches et études dont presque seul en Belgique j'ai cherché à parcourir la voie depuis plus de cinquante ans. Si j'éprouve le regret de n'avoir pu réaliser tout ce que je sens qu'il m'eût été possible de faire, j'ose croire néamoins que mes efforts n'ont pas été tout à fait stériles et je ne renonce pas encore à continuer d'essayer à me rendre utile à la science et à mon pays.

Outre mes nombreux *systèmes de télégraphes*, j'ai construit un *chronographe électrique* où mon système de renversement a été éminemment utile (1). Si, depuis lors, j'ai combiné mes appareils, sans y appliquer mon principe, c'est uniquement parce que je suis parvenu à obtenir l'effet cherché, avec une force motrice assez faible pour ne point exiger l'emploi d'électro-aimants; je crois préférable, dans des appareils aussi délicats, d'éviter, autant que possible, les résistances occasionnées par l'énergie même des organes employés. Ceci dit, je répète que si j'eusse conservé les électro-aimants dans mes chronographes, je n'eusse pu le faire avec quelque sécurité qu'en y appliquant mon système de renversement à palette aimantée.

(1) Voir mon *Traité général*, pp. 378 et suivantes, et mon Mémoire présenté à l'Institut de France, Académie des sciences, le 27 octobre 1856.

Indépendamment de l'emploi par le Gouvernement belge de mon système du Renversement du Courant dans les télégraphes à cadrans alphabétiques (1), appareils dans lesquels le constructeur n'a pas su introduire tous les perfectionnements dont ils sont susceptibles, j'en ai construit moi-même *à cadrans* ou *lettres*, *à aiguilles, électro-chimiques*, et *à écrire* (2), *dans tous* ; j'y ai appliqué, pour la *première fois*, mon système de renversement à armature ou palette aimantée, c'est-à-dire que *j'ai réalisé moi-même, le premier, ma théorie* (3).

Je mentionnerai encore une *boussole électro-magnétique* pour les communications directes en télégraphie et un perfectionnement dans les sonneries électriques dus au même système.

Des ingénieurs étrangers l'ont appliqué depuis. Je citerai parmi eux MM. Bréguet, à qui j'ai spontanément enseigné mon système, en lui commandant des appareils ; Digney, Dujardin et Joly, qui l'ont introduit tous les trois dans un télégraphe imprimeur ; les premiers aussi dans des télégraphes à écrire ; Allan, dans ses télégraphes écrivants ; Varley, Siemens, dans leurs télégraphes ; Vinay et Gaussin, dans leurs parleurs ou sonneries ; le comte du Moncel, dans son anémoscope ; le P. Secchi, de Florence, a considérablement augmenté la puissance de la bobine de Ruhmkorff en y renversant le sens du courant inducteur, afin de détruire complétement le magnétisme rémanent ; il assure, ce qui m'étonne

(1) Voir la lettre du 15 juin 1850 de M. Devaux, me demandant de soumettre mon système d'appareil à la Commission des télégraphes nommée par le Gouvernement belge et dont il était secrétaire, et son Rapport à l'Académie royale de Belgique, 2 août 1851.

(2) Voir la déclaration de M. R.-S. Culley, ingénieur en chef du *Post-office Telegraph* à Londres, 1874, où il dit : « Je puis vous assurer que le renverse- » ment du courant dans les électro-aimants est du plus grand service en » télégraphie et que la première suggestion dont j'ai connaissance pour son » application au télégraphe Morse est faite par M. Gloesener dans son » ouvrage intitulé : *Recherches sur la télégraphie électrique*, publié en 1853. » Voir aussi le rapport déjà cité de M. Devaux à l'Académie royale de Belgique, 2 août 1851, pour mon système de Renversement du Courant adapté au télégraphe à écrire de M. Morse.

(3) Voir page 101 la liste des appareils que j'ai imaginés ou perfectionnés en y appliquant mon système de Renversement alternatif du Courant.

même, que la force de l'appareil serait augmentée dans le rapport de 1 à 20 (1), etc., etc.

Ces appareils et bien d'autres encore sont tous perfectionnés par les divers avantages que procure l'application de mon Renversement du Courant et *avec armature aimantée*, que nous avons fait connaître.

3° AVANTAGES SPÉCIAUX DUS UNIQUEMENT A L'APPLICATION DE MON PRINCIPE DU RENVERSEMENT ALTERNATIF DU COURANT, COMME FORCE MOTRICE NOUVELLE ALTERNATIVE PAR L'EMPLOI DU COURANT NÉGATIF UTILISÉ COMME LE COURANT POSITIF (DIRECT).

Si le Principe du Renversement du Courant se bornait à produire les deux catégories d'avantages que je viens d'exposer, il resterait de la plus grande importance, mais là ne se bornent pas les effets que j'en ai tirés. Non content d'employer le courant négatif pour remplacer le ressort antagoniste, pour détruire ou combattre les causes perturbatrices nuisibles, et pour procurer ainsi, avec des courants moins affaiblis, plus d'intensité électrique, quoique les piles soient même moins énergiques, j'ai songé et j'ai réussi à trouver une force motrice nouvelle en employant le courant négatif, comme le courant positif pour produire les mouvements utiles. C'est cette nouvelle force motrice obtenue par l'application de la théorie du Principe du Renversement alternatif du Courant dans les électro-aimants qui est l'origine de tant de remarquables et heureux effets, dont plusieurs ne peuvent uniquement s'obtenir que par l'application du système dont il est la base. Avant de citer quelques exemples de ces effets nouveaux et exclusifs du Renversement du Courant, faisons connaître les causes de cette supériorité de puissance.

Cette seconde force motrice nouvelle est due au même courant initial que je renverse, pour qu'elle ne soit pas inactive, et par suite perdue, comme dans le procédé de l'interruption. Le renversement ou retour du courant qui, en s'effectuant, anime de nouveau l'électro-aimant, donne la vie à cette force latente que je

(1) Voir *Notice sur l'appareil d'induction électrique*, de M. RUHMKORFF, par le comte DU MONCEL. Paris, Lacroix et Baudry, 1859.

fais servir à la production du même phénomène utile que celle du courant direct. En effet, cette force est d'une puissance et d'une utilité qui lui sont au moins égales.

A cette nouvelle force motrice procurée par l'inversion, c'est-à-dire le renversement même du courant, se joint un accroissement de puissance due à tout ce que le courant direct ne perd plus en vaines résistances à vaincre dans le ressort antagoniste désormais supprimé et dans le magnétisme rémanent presque instantanément détruit.

L'expérience m'a encore prouvé que les procédés mêmes de mon système du Renversement du Courant contribuent à augmenter cette force. J'obtiens, en effet, plus de force motrice avec l'emploi de deux doubles électro-aimants faciles à introduire qu'avec celui d'un seul; on n'ignore pas qu'une quantité de fil de cuivre répartie sur une surface double de fer se trouve plus de deux fois plus près de son noyau, et aura, par conséquent, sur lui, une action d'autant plus efficace qu'elle s'étend, en outre, sur une plus grande quantité de fer. On peut donc télégraphier avec des courants plus faibles à de plus longues distances, que si l'on emploie l'interruption du courant. Indépendamment d'un avantage réel d'économie, l'on sait que les courants faibles éprouvent moins de pertes par dérivation et que les étincelles qui se produisent au passage d'un conducteur à un autre sont moins fréquentes et moins intenses, et, par suite, moins nuisibles et moins oxydantes. En 1853, j'ai pu, avec mon système du Renversement alternatif du Courant, télégraphier de Liége à Verviers et recevoir la réponse, avec une pile Daniell de huit éléments, malgré un orage et plusieurs tunnels que les fils conducteurs ont à traverser; tandis qu'avec un autre télégraphe (1), on n'a pu transmettre de signaux intelligibles, même avec le courant d'une pile de trente éléments semblables aux miens.

Il se développe aussi plus de force magnétique dans un électro-

---

(1) Construit par M. Lippens qui n'a su appliquer, ainsi que nous l'avons dit, que d'une manière imparfaite mon système dont il s'était permis de s'emparer, sans qu'il y fût autorisé. Les résultats qu'il a obtenus n'ont été avantageux que par la comparaison avec les appareils interrupteurs en usage et non avec ceux de mes appareils.

aimant quand on y renverse alternativement le courant, que si on l'interrompt successivement. Cela résulte des expériences de M. Poggendorff conformes aux résultats que j'ai trouvés moi-même. Des expériences nombreuses m'ont démontré que la puissance motrice de mon système du Renversement alternatif du Courant est double, comme je l'ai dit plus haut, de celle du procédé de l'interruption du courant : 1° On développe, pour diverses raisons déjà mentionnées, une force magnétique notablement plus grande dans le même électro-aimant, lorsque le courant y est alternativement renversé, que lorsqu'on l'interrompt successivement. 2° On gagne une force motrice égale à la tension qu'il faudrait donner au ressort antagoniste pour vaincre le magnétisme rémanent et ramener l'armature ou palette à sa position initiale. M. Poggendorff constate ce résultat par ses expériences (1). Ce savant distingué dit qu'un électro-aimant, dans lequel on fait passer un courant électrique alternativement en sens contraire, porte plus de poids que si ce même courant est interrompu, en le traversant toujours dans le même sens. D'après ses propres expériences, il évalue au double la différence des forces produites dans les deux cas.

En général, les auteurs ou les savants et, à leur exemple, les constructeurs qui traitent de l'interruption successive du courant dans les télégraphes, les horloges ou autres appareils électro-moteurs, regardent le *courant négatif comme n'existant pas sous le rapport de sa puissance utile.* Pour eux, *c'est une force perdue.* Ceux qui changent la direction du courant alternativement dans leurs appareils, l'emploient pour ramener la palette à sa position initiale; quelques-uns le regardent comme un moyen propre à remplacer le ressort de rappel et à détruire le magnétisme rémanent, et ils lui reconnaissent la qualité fort utile de dispenser de tout réglage, par suite de la suppression du ressort, lorsque la transmission des signaux se fait avec le même appareil, dans la même journée, à des distances différentes. Mais on semble généralement ignorer ou du moins personne n'a pensé que par ces propriétés du courant renversé on gagne un surcroît de force égal à la somme de résistance de la tension du ressort de rappel et de celle

(1) Voir *Annales de Paggendorff*, 1852.   6

provenant du magnétisme rémanent. Je ne veux pas compter ici le temps absorbé par un réglage souvent répété par jour, ni le désagrément de cette opération, quelquefois pénible, puisque des employés non exercés perdent souvent beaucoup de temps à ce réglage, sans y réussir toujours.

Ces qualités du courant négatif ou, en d'autres termes, l'opération de renverser alternativement le courant positif pour profiter aussi de l'action du courant négatif est déjà chose d'une très-grande valeur dans la transmission du courant électrique dans les électro-moteurs. Mais ce n'est pas tout à beaucoup près.

Le courant négatif est une force naturelle comme le courant positif et lui est égal en intensité; car la déviation d'une aiguille aimantée que produit le courant négatif est égale à celle que produit le courant positif.

Le télégraphe Morse, par exemple, peut produire des signaux par l'action du courant négatif comme par celle du courant positif, si la trempe de l'armature aimantée est assez dure pour résister à toute décomposition de magnétisme que le courant négatif tend à y faire. Si, au contraire, l'armature n'était pas trempée très-dur et que le courant fût très-intense, le courant négatif, en même temps qu'il agirait pour repousser l'armature, agirait aussi pour décomposer du magnétisme; si l'armature bien construite est assez légère, elle sera repoussée, mais moins vivement que si le courant négatif ne pouvait réaliser de décomposition de magnétisme dans l'armature. L'armature aimantée est plus près du pôle de l'électro-aimant qui tend à la repousser que de celui qui l'attire; il en est de même dans le système de l'interruption, où la palette de fer doux, qui est aussi éloignée du pôle qui doit l'attirer. Mais dans ce dernier cas, l'attraction perd parce qu'elle doit attirer la palette de fer à distance; comment faire pour que la décomposition n'ait pas lieu? Il faut choisir une bonne qualité d'acier, tremper l'armature d'acier très-dur, l'aimanter à saturation, la choisir légère, avec une épaisseur de 2 à 3 millimètres, empêcher que l'armature ne puisse jamais parvenir en contact métallique avec l'électro-aimant-moteur, faire, si la disposition du système de l'électro-aimant à employer le permet, que l'armature aimantée, formée de deux légers barreaux réunis au moyen d'une feuille de laiton par leur centre, oscille de manière que le même pôle de l'électro-aimant moteur agisse à la fois par attraction et par répulsion sur les deux pôles nord et sud, appartenant à deux barreaux, et non au même barreau.

Par une disposition très-simple on peut placer deux lames de laiton fort minces, de telle sorte que l'armature les presse et les comprime un peu quand elle est déjà près des pôles de l'électro-aimant et que la réaction de ces lames comprimées ramène l'armature au milieu. Pour atteindre le même but, j'ai imaginé aussi un électro-aimant-galvanomètre semblable à un galvanomètre.

Le cadre est en fer, long d'environ 8 à 9 centimètres, portant deux aiguilles aimantées épaisses de 1 à 2 millimètres, dont les pôles de même nom regardent la même région du ciel; les côtés verticaux du cadre sont en fer doux, comme la base, et portent deux lames de fer qu'on peut rapprocher ou éloigner des aiguilles dont les déviations sont réglées par des vis. Les aiguilles, étant au-dessus et très-près du fil, mais de chaque côté, commencent par tourner et s'approcher des parois de fer; de cette manière l'on évite l'inconvénient de la décomposition du magnétisme de l'armature, l'appareil est très-sensible.

Une longue et constante expérience a confirmé le succès de ces procédés. Dans une armature aimantée réunissant les qualités voulues et préparées dans de bonnes conditions, je n'ai jamais vu se produire le fait contre lequel j'indique le moyen de se prémunir, même dans les appareils les plus exposés.

Toute la supériorité de mon système du Renversement du Courant alternatif sur l'interruption a été aussi confirmée en 1852, à Paris, par cinq séries d'expériences très-remarquables que je crois intéressant de reproduire ici. Elles ont été faites avec une pile Daniel, chez M. Bréguet, président du bureau des longitudes, et conjointement avec lui, sauf celles de la dernière série qui ont été faites au Ministère de l'Intérieur, en présence de M. Alexandre, administrateur des lignes télégraphiques, et de M. Bréguet (1).

____

(1) Voir leurs attestations à la fin du volume, pp. 97 et 98. Voir aussi celles de MM. Clérac et Joly, pp. 98 et 99.

PREMIÈRE SÉRIE (1).

NUMÉRO D'ORDRE.	NOMBRE des éléments.	RÉSISTANCE ou longueur des LIGNES PARCOURUES en kilomètres.	de chaque ÉLECTRO-BOBINE en kilomètres.	VITESSE par seconde.	MARCHE.	DÉVIATION de la boussole.
1	10 faibles.	0	91	Plus de 1 tour par 1″	Très-bonne.	7º 1/2
2	10	50	»	»	»	6º 3/4
3	5	0	»	»	»	4º
4	5	50	»	Moins de 1 tour par 1″	Moins bonne.	3º
5	10	150	»	Plus de 1 tour par 1″	Bonne.	6º
6	10	300	»	1 tour par 1″	»	4º,30′
7	10	500	»	1 tour par 1″	»	3º
8	16	0	»	1 tour en 0″,45	Très-bonne.	12º,45′
9	16	50	»	1 tour en 0″,45	»	11º
10	16	150	»	1 tour en 0″,50	»	8º,30′
11	16	500	»	1 tour en 0″,50	Bonne.	6º,30′
12	16	500	»	1 tour en 0″,62	»	5º,30
13	22	1000 à 1200	»	1 tour en 0″,50	»	3º,30′
14	16	1000 à 1200	»	1 tour en 1″	Faible.	2º,45

DEUXIÈME SÉRIE.

NUMÉRO D'ORDRE.	NOMBRE des éléments.	RÉSISTANCE ou longueur des LIGNES PARCOURUES en kilomètres.	de chaque ÉLECTRO-BOBINE en kilomètres.	VITESSE par seconde.	MARCHE.	DÉVIATION de la boussole.
1	16	1250	»	1 tour en 1″,25	Douce.	
2	16	900	»	1 tour en 0″,83	Bonne.	
3	22	1250	»	1 tour en 0″,83	»	
4	22	900	»	1 tour en 0″,55	»	
5	22	925	»	1 tour en 0″,55	»	
6	16	625	»	1 tour en 0″,40	»	

(1) Les résultats de cette première série ont été obtenus dans des conditions où les meilleurs appareils de Bréguet ne font le même nombre de tours que si la boussole marque 15 à 20 degrés.

TROISIÈME SÉRIE.

NUMÉRO D'ORDRE.	NOMBRE des éléments.	RÉSISTANCE		VITESSE par seconde.	MARCHE.	DÉVIATION de la boussole.
		ou longueur des LIGNES PARCOURUES en kilomètres.	de chaque ÉLECTRO BOBINE en kilomètres.			
1	16	50	50	1 tour en 0″,40	Fort bonne.	16°,35′
2	»	100	»	1 tour en 0″,40	»	14°,45′
3	»	230	»	1 tour en 0″,50	»	10°,10′
4	»	505	»	1 tour en 0″,80	»	5°,7′0
5	»	630	»	1 tour en 1″,25	Bonne.	4°,8′0
6	10	100	»	1 tour en 0″,50	Très-bonne.	10°,35′
7	»	230	»	1 tour en 0″,71	Bonne.	6°,55′
8	5	100	»	1 tour en 0″,25	»	5°,35′
9	22	1100	»	1 tour en 1″,43	Trop faible.	3°

QUATRIÈME SÉRIE.

NUMÉRO	NOMBRE des éléments.	RÉSISTANCE		VITESSE par seconde.	MARCHE.	DÉVIATION de la boussole.
		ou longueur des LIGNES PARCOURUES en kilomètres.	de chaque ÉLECTRO BOBINE en kilomètres.			
1	22	150	11000 tours de fil du n° 28.		Fort bonne.	11°
2	16	»	»		»	8°
3	10	»	»		Bonne.	»
4	5	»	»		Insuffisante.	»
5	28	»	»		Supérieure.	15°
6	34	»	»		»	16° 1/2
7	40	»	»		»	18°
8	46	»	»		»	21°
9	10	350	»		Insuffisante.	3° 1/2
10	16	»	»		Suffisante.	5°
11	22	»	»	1 tour en 1″	Très-bonne.	7° 1/2
12	28	»	»		»	10°
13	40	»	»		Supérieure.	12°
14	10	450	»		Insuffisante.	3°
15	16	»	»		Suffisante.	4° 1/2
16	22	»	»	1 tour en 0″,50	Bonne.	6°
17	28	»	»	1 tour en 0″,75	Très-bonne.	8°,45′
18	34	»	»	1 tour en 0,50	Supérieure.	9°,30′

CINQUIÈME SÉRIE.

NUMÉRO D'ORDRE.	NOMBRE des éléments de la PILE Bunsen.	RÉSISTANCE		VITESSE par seconde.	MARCHE.
		ou longueur des LIGNES PARCOURUES en kilomètres.	de chaque ÉLECTRO-BOBINE en kilomètres.		
1	29 faibles.	254 et 1 parcours égal par terre.	91	1 tour en 0″,50	Très-bonne.
2	20	»	»	»	»
3	15	»	»	1 tour en 1″	»
4	10	»	»	»	Fort bonne.
5	7	»	»	1 tour en 1″,75	Un peu trop faible.
6	8	»	»	»	Beaucoup trop faible.
7	29	470	»	1 tour en 0″,50	Très-bonne.
8	15	»	»	»	»
9	10	»	»	1 tour en 1″	Fort bonne.
10	7	»	»	1 tour en 1″,75	Un peu trop faible.
11	5	»	»	»	Beaucoup trop faible.

Ces expériences n'ont besoin d'aucun commentaire, elles parlent assez d'elles-mêmes ; au surplus, on peut voir, p. 25, de mes *Recherches sur la télégraphie électrique* les observations curieuses, remarquables même auxquelles elles ont donné lieu. J'ai fait, au mois de septembre 1867, à Paris, une expérience extrèmement intéressante, également au Ministère de l'Intérieur, où M. le v^te de Vougy, directeur-général des lignes, a mis à ma disposition, pendant près de quinze jours, avec un empressement et une grâce dont je suis heureux de lui témoigner ici toute ma reconnaissance, des employés, des appareils et un circuit télégraphique (1). J'étais désireux de voir confirmer par une

(1) Je regrette que diverses circonstances ne m'aient pas permis de profiter de nouveau de l'assurance qu'il a bien voulu me faire réitérer que je trouverais toujours toutes facilités pour faire à sa direction générale mes expériences.

épreuve sur un circuit d'une certaine étendue ce que mes expériences de cabinet m'avaient démontré, c'est-à-dire que l'application de mon système du renversement du courant aux télégraphes à écrire (système Morse) : 1° augmenterait beaucoup leur vitesse ; 2° par suite accroîtrait le rendement même (produit) du fil conducteur ; 3° rendrait les signaux plus nets et plus certains, tout en ajoutant à ces avantages ceux déjà décrits et qu'il procure toujours. Mes prévisions ont été pleinement réalisées (1) ; nous avons même une fois de plus reconnu l'augmentation de force motrice dans l'électro-aimant quand le courant était inversé, la puissance du courant étant la même que lorsqu'il était interrompu.

J'ai eu plusieurs fois l'occasion en parlant des causes perturbatrices et de leurs effets nuisibles sur la marche des appareils exigeant de longs fils conducteurs, et en parlant des avantages que réalise le renversement du courant, de toucher la question si épineuse de la transmission des signaux par des câbles, surtout par de très-longs câbles sous-marins. Je ne puis ici entrer dans tous les développements qu'elle comporte. Je me référerai à ce que j'ai dit à ce sujet et qui a permis d'apprécier une partie de toutes les difficultés qu'elle soulève ; connaissant maintenant le rôle que joue le principe du renversement du courant dans les électro-aimants, on conçoit qu'il est de toute nécessité de l'appliquer aux transmissions sous-marines. Je dis plus, répétant des opinions illustres, telles que celles de MM. de Jacobi, Secchi, Barnard, de l'ingénieur Varley, qui a été chargé de la pose du câble transatlantique avec MM. Thomson et Latimer Clarke, *« sans le renversement du courant, elle eût été impossible. »*

A ce résultat, dû uniquement au renversement du courant, je dois joindre celui d'un télégraphe à écrire double que j'ai imaginé et construit et dont l'exécution repose toute entière sur le renversement alternatif du courant. J'écris sur une bande de papier, soit avec un alphabet abrégé combiné, soit avec l'alphabet Morse ordinaire (ce qui permettrait, s'il était adopté, de mettre

(1) Voir les quatre déclarations pages 97, 98 et 99. Je possède encore les bandes du papier télégraphique constatant ce progrès.

mon appareil écrivant double en correspondance avec tous les appareils écrivant simple). Je n'ai pas (1), quoique écrivant avec deux molettes ou plumes, un seul organe de plus que l'appareil Morse ordinaire, sauf la seconde molette. J'opère en utilisant le renversement du courant pour faire mouvoir la seconde molette, après que la première a marqué un point ou signe, et ainsi de suite, ou après plusieurs points successifs dans un même sens si on le veut. Chaque mouvement du manipulateur ou levier-clef est utilisé, tandis que, dans le télégraphe Morse actuel, il faut deux mouvements pour un signal. La vitesse de transmission de ce télégraphe est double, ou presque double, de celle des télégraphes Morse en usage.

Ce changement constamment alternatif de la direction du courant a été le point de départ du nouveau régulateur électrique des pressions du gaz d'éclairage proposé par M. Giroud. L'aiguille qui indique une augmentation de pression avance dans un sens et s'arrête lorsque la pression est variable; lorsqu'elle diminue elle marche dans le sens contraire. M. Giroud a employé deux aiguilles pour obtenir cet effet, mais une seule eût pu suffir. Un cas analogue a lieu dans le télémètre-mesureur des distances du capitaine Gautier (2).

Les effets nouveaux et impossibles à obtenir sans le renversement régulièrement alternatif du courant dans les électro-aimants sont suffisamment démontrés par ces exemples récents. On a d'ailleurs fort bien compris que ces phénomènes, particuliers à mon système de renversement, sont le résultat, non pas seulement de l'accroissement général de puissance du courant, mais primitivement de celui de son double mouvement utile que j'appelle force motrice nouvelle.

(1) Je puis même appliquer, mais avec une partie de ses avantages seulement, mon renversement du courant aux appareils interrupteurs, ou interrompre avec les miens, ce qui se borne à ne faire qu'un mouvement utile au lieu de deux. On pourrait donc les introduire dans la pratique sans aucune des difficultés qu'offrent souvent les nouvelles inventions et sans augmentation de dépense.

(2) Voir son *Étude sur les procédés de mesurer rapidement des distances,* p. 12. Paris, Baudry, 1865.

SECTION V.

Examen de l'emploi dans le système Gloesener des armatures aimantées et des aimants artificiels. — Faculté de les remplacer par des électro-aimants permanents.

Je ne puis terminer ce mémoire sans toucher la question des armatures ou palettes aimantées et des aimants artificiels, dont je fais usage dans mon système du renversement alternatif du courant dans les électro-aimants.

Une très-longue expérience m'a prouvé que des armatures ou palettes aimantées et des aimants artificiels de grande dimensions, construits avec de l'acier de bonne qualité, trempé dur et régulièrement aimantés, conservent leur magnétisme pendant un grand nombre d'années. Je citerai notamment ce cas que des horloges électriques de mon système, avec palette aimantée, ont fonctionné plus de quatorze ans avec une régularité irréprochable sans qu'on ait jamais eu besoin de les réaimanter.

A mesure que l'usage des aimants se répand dans les instruments de physique, les physiciens acquièrent la conviction que c'est à tort qu'on croit ne pouvoir les employer très-utilement dans une foule d'applications. On ne place guère les armatures aimantées dans des conditions dont elles pourraient souffrir. Au contraire, dans les applications industrielles, les armatures aimantées sont pour ainsi dire toujours en présence du fer doux des électro-aimants. Cependant, que de progrès ne doivent pas la physique et la physiologie à l'emploi du galvanomètre dont les aiguilles légères sont isolées de tout fer! La physique moderne lui doit même un de ses plus brillants succès. J'ai vu fonctionner à Londres, en 1862, au Havre, en 1867, sur le yacht du prince Napoléon, et aux phares de la Hève, la machine magnéto-électrique de la *Compagnie de l'Alliance*, et cela de la manière la plus heureuse, sans que ses aimants artificiels exigeassent d'être réaimantés. M. Aug. Berlioz (1), qui dirige cette Compagnie avec un talent et un zèle au-dessus de tout éloge, m'avait prié de me rendre au Havre pour examiner la machine fonctionnant sur le yacht du prince. Là, comme à Londres, j'en ai constaté les heureux effets, confirmés depuis avec éclat par l'expérience des paquebots transatlantiques. Tandis que la machine de M. Holme, d'une construction et d'un soin admirables, ne marchait qu'enveloppée d'étincelles électriques perdues pour la lumière et nuisibles pour l'appareil, *la machine de l'Alliance* donnait, au contraire, une lumière blanche, nette, d'une égale intensité et sans étincelles; depuis plusieurs années les aimants artificiels de cette machine n'avaient pas dû être réaimantés. Cette machine est destinée à rendre les plus grands services, notamment en préservant, en mer et sur les côtes, des collisions si fréquentes. Il est constaté que le succès de cette machine est uniquement dû à l'application du renversement du courant. Voilà certes un exemple mémorable. J'ajouterai celui de M. Haecker, constructeur d'instruments de physique, qui a consommé plus de 1000 livres d'acier de différentes qualités en expériences de tout genre, faites fréquemment sous la direction du célèbre physicien Ohm; il a cru pouvoir déduire, après plus de huit années de longues et importantes recherches, que les aimants artificiels, ou armatures aimantées, construits avec de l'acier de bonne qualité, bien trempé et, comme je l'ai dit, régulièrement aimantés, portent ou nourrissent en eux-mêmes une force magnétique qui ne se consomme pas et avec laquelle ils agissent lorsque leurs pôles sont libres (2). De tout ce qui précède nous pouvons conclure

(1) J'ai appris que M. Berlioz, dont on n'a peut-être pas assez apprécié les éminents services rendus au milieu des plus grandes difficultés, s'est retiré, après avoir annoncé de nouveaux et importants perfectionnements qui consacrent toute la supériorité de la machine de *l'Alliance* sur les autres tentatives de ce genre. Je ne doute pas qu'on ne se souvienne que si c'est à la France que revient l'honneur d'avoir, la première, appliqué la lumière électrique à la marine, c'est à l'intelligente direction, aux efforts persévérants et infatigables de cet homme d'un vrai mérite qu'elle le doit.

(2) Voir *Annales de Poggendorff*, vol. 5.

que les aimants artificiels conservent très-longtemps leur magnétisme, et, d'après mes expériences, surtout lorsque leurs pôles se trouvent très-près du fer doux ou entre deux fers doux et qu'en outre les dimensions des aimants artificiels et celles des électro-aimants ou aimants temporaires sont à peu près les mêmes, comme j'ai toujours soin de les établir dans mes appareils. L'observation apprendra aussi à connaître et à éviter les causes perturbatrices extérieures.

D'ailleurs en supposant même que les aimants artificiels ou armatures aimantées exigeassent parfois d'être réaimantées, cette opération peut se faire très-facilement sur place en quelques minutes. On m'a dit dans les bureaux télégraphiques en Belgique où mon renversement du courant est employé depuis 1851, qu'on n'avait jamais dû réaimanter les armatures ou palettes aimantées des appareils. D'ailleurs on ne peut comparer cette gène, rare et exceptionnelle, à tous les inconvénients du réglage du ressort antagoniste qui peut, suivant les distances, l'intensité de la pile, etc., devoir être réglé vingt et trente fois par jour ; puis, et ce point est décisif, on se priverait, comme dans le procédé de l'interruption du courant, de tous les effets salutaires de mon système du renversement du courant.

En résumé, je crois pouvoir affirmer que l'emploi des aimants artificiels dans les conditions que j'ai signalées plus haut, offre à la science de précieux moyens de recherches pour l'étude des phénomènes et des agents naturels et aux applications industrielles et de la vie domestique, des ressources étendues, commodes et de la plus grande utilité.

Toutefois, on n'est point astreint dans mon système à prendre des armatures aimantées et des aimants artificiels. On trouve, p. 161 de mon *Traité général des applications de l'électricité*, deux moyens, l'un de les remplacer par un fer doux, muni d'un ressort de rappel, en employant mon renversement du courant; dans ce cas, le ressort n'a d'autre fonction que de ramener la palette à sa position de repos et n'a aucune résistance à vaincre. L'autre moyen, infiniment supérieur, consiste à remplacer l'armature aimantée à saturation par un électro-aimant mobile animé par un courant alternativement renversé. Cette disposition est celle dont je m'étais servi dès 1841 (1) et reste excellente, s'il s'agit de construire des électro-moteurs destinés à produire des effets considérables. Il est même, dans ce cas, moins difficile et moins coûteux de se procurer des électro-aimants d'une puissance magnétique plus grande que celle des plus forts aimants artificiels.

Au lieu d'un fort aimant artificiel ou de deux aimants artificiels fixes et d'un seul électro-aimant mobile, je puis me servir d'un électro-aimant fixe ou de deux électro-aimants fixes, également avec un seul électro-aimant mobile, et je fais passer un courant de même sens dans les électro-aimants fixes, tandis que je renverse le courant d'une autre pile dans l'électro-aimant mobile.

Je puis encore conserver l'emploi d'aimants artificiels fixes et rendre mobile une palette légère de fer très-doux, dans une bobine fixe que j'aimante par un courant circulant dans un fil mince, fort long, qui enveloppe la bobine fixe (voir section III, la neuvième disposition, p. 27); lorsque le courant ne circule pas dans la bobine, l'aimantation de la palette cesse, pour se produire de nouveau, dès que le courant anime de nouveau la bobine.

Pour construire un électro-moteur d'une certaine force, on pourra suivre la méthode suivante, où j'emploie trois fils : je place plusieurs forts électro-aimants du côté A d'une armature de fer très-mobile, et un autre nombre égal d'électro-aimants de l'autre côté B de la même armature; je conduis le courant d'une pile énergique dans les électro-aimants placés du côté A et je le ramène dans la pile par un troisième fil c; je conduis ensuite le courant dans les électro-aimants placés du côté B de l'armature et je le ramène dans la pile par le même troisième fil. Je conduis de nouveau le courant dans les électro-aimants du côté A et je le ramène à la pile, puis je le conduis une seconde fois dans les électro-aimants du côté B et ainsi de suite. Le fil qui enveloppe les électro-aimants du côté A et celui qui entoure les électro-

(1) Voir p. 12.

aimants placés du côté B communiquent entre eux. Ensuite le fil A est en contact au point M auquel est soudé le troisième fil *c* qui ramène le courant dans la pile ; après qu'il aura parcouru les électro-aimants du côté A, il agit de même après que le courant aura parcouru les électro-aimants du côté B.

Par conséquent, au point M le courant se bifurque en deux parties, la plus forte retourne à la pile et la plus faible passe des électro-aimants du côté A dans les électro-aimants du côté B et réciproquement ; cette partie du courant qui est renversée sert à détruire le magnétisme rémanent dans les électro-aimants, tant dans ceux placés du côté A que dans ceux placés du côté B.

Pour obtenir des résultats plus puissants, je dispose plusieurs palettes de fer doux et plusieurs séries d'électro-aimants placés de deux côtés, comme dans AB que je viens de décrire avec le troisième fil *c*.

Comme on le voit, un nombre de combinaisons se prêtent à l'application du Renversement du Courant, indépendamment de celles que l'on obtient avec les armatures aimantées et les aimants artificiels.

CONCLUSION.

Je crois avoir démontré à l'évidence dans cet ouvrage toute l'importance du Principe du Renversement alternatif du Courant dans les électro-aimants. En exposant sa théorie et la supériorité de ma manière de l'appliquer due à la connaissance de la loi à laquelle elle doit être soumise, j'ai eu l'occasion de faire connaître un instrument dont on peut continuer à se servir très-avantageusement pour la démonstration des phénomènes électro-magnétiques et électro-dynamiques (1) et de constater que :

1° *J'ai renversé, le premier, le courant alternativement en sens contraire dans les électro-aimants employés dans tous les électromoteurs en général ou appareils scientifiques ou industriels quelconques, notamment dans les télégraphes.*

2° *J'ai découvert le principe même qui régit ce renversement alternatif du courant et j'ai donné sa théorie.*

3° *J'ai imaginé un système basé sur la théorie de ce principe et qui seul permet d'en réaliser toutes les conséquences avantageuses.*

4° *J'ai été non-seulement le premier, mais longtemps le seul à en faire ressortir la valeur et à chercher à en répandre l'usage dans toutes les applications scientifiques et industrielles de l'électricité.*

5° *J'ai moi-même, à l'aide de ce principe surtout, amélioré et perfectionné une foule d'appareils.*

6° *J'ai donné occasion d'en construire d'autres qu'on n'aurait pu exécuter sans ce principe, notamment mon télégraphe à écrire*

____

(1) Voir p. 2.

double sur deux lignes parallèles avec deux molettes ou plumes, le premier *de ce genre en* un seul appareil.

7° *Je suis parvenu à résoudre, toujours au moyen de l'application de ma théorie du principe du renversement alternatif du courant, le problème de l'horlogerie électrique.*

8° *J'ai introduit, le premier, les électro-aimants en remplacement des multiplicateurs, dans les télégraphes à aiguille (système anglais) et accru ainsi sensiblement leur force.*

9° *J'ai construit, le premier, un translateur renversant alternativement en sens contraire le courant d'une batterie locale.*

10° *J'ai combiné, le premier, un télégraphe sous-marin écrivant avec l'électro-aimant à noyau de fils de fer isolés entre eux.*

Je prie ceux qui me feront l'honneur de me lire de ne jamais perdre de vue que rien de tout ce que renferme cet ouvrage, théorie ou applications scientifiques et industrielles, n'offre aucun des caractères d'une hypothèse. Tout a été éprouvé, bien contrôlé, vérifié avec un soin et une sévérité extrêmes, et les résultats que je présente ont subi l'épreuve d'une longue expérience couronnée par un succès théorique et pratique dont les preuves publiques sont incontestables.

En initiant aux ressources nombreuses qu'offre le Principe que j'ai découvert et dont j'ai exposé la théorie en la signalant spécialement à l'attention des hommes de science, et en contribuant à en vulgariser les applications pour arriver à le faire substituer universellement aux procédés, si défectueux à tant d'égards, de l'interruption du courant, je crois rendre, dans ma modeste part, un service à la science et aux applications qui lui sont dues.

ATTESTATIONS.

Télégraphie. — Cabinet des Administrateurs.

« Paris, le 26 octobre 1852.

» Monsieur Gloesener,

» Je suis heureux de pouvoir vous donner l'attestation que dans la soi-
» rée d'hier, de 9 h. à 10 ½ h., vous avez experimenté sur un fil de Paris
» à Bourges et revenant de Bourges à Paris (470 kil.), un appareil télégra-
» phique construit d'après votre système. Cet appareil a parfaitement fonc-
» tionné et la palette aimantée placée entre les deux électro-aimants a très-
» bien obéi aux différentes forces d'aimantation produites par des courants
» de diverses intensités. L'aiguille indicatrice n'a cessé de marcher réguliè-
» rement que quand la pile employée a été réduite à un nombre d'éléments
» tels qu'il était réellement impossible que le courant qu'elle pouvait don-
» ner pût vaincre convenablement la résistance d'un aussi long circuit
» (6 éléments de Bunsen peu acidulés).

» Je verrai avec grand plaisir votre système d'électro-aimants appliqué
» aux appareils français, ce sera un véritable perfectionnement.

» Recevez, Monsieur, l'expression de mes sentiments de haute considé-
» ration.

» *L'administrateur-adjoint,*

» ALEXANDRE. »

» « Ayant construit un télégraphe d'après les vues de M. Gloesener, c'est-
» à-dire un appareil où le ressort de rappel est supprimé et remplacé par
» une palette aimantée et deux électro-aimants, nous sommes allés l'éprou-
» ver à l'Administration des lignes télégraphiques, et sous les yeux de
» M. Alexandre, l'administrateur, nous l'avons fait fonctionner avec le fil de
» Paris à Bourges, distance 255 kilomètres. La pile employée a varié de
» 20, 15 et 10 éléments, les fonctions se faisant parfaitement.

» Ensuite nous avons doublé le circuit en le portant à 5 kilog.; la pile
» dans ce cas a varié de 29 éléments à 10, 7 et 5.

» Avec 7, l'appareil marchait doucement, mais avec 5 cela était évidem-
» ment trop faible.

» Le manipulateur employé était à clavier, d'après une disposition fort
» simple et fort heureuse due aussi à M. Gloesener ; dans cet arrangement,
» le commutateur est conduit au moyen d'un rouage mû par un ressort, ce
» qui rend cet appareil préférable aux manipulateurs anciens que l'on con-
» duit à la main, parce que la vitesse de rotation imprimée au commutateur
» est toujours la même.

» Les deux expériences ont fait voir qu'un télégraphe ainsi établi pouvait
» fonctionner avec toutes les intensités électriques susceptibles de se ren-
» contrer sur une ligne, sans que l'on soit dans l'obligation de toucher à
» quoi que ce soit dans la machine. Ceci est donc un véritable perfectionne-
» ment.

» Paris, 25 octobre 1862.

» *Le président du Bureau des longitudes,*

» **L. BRÉGUET.** »

Direction générale des lignes télégraphiques ,

« Paris, 25 septembre 1867.

» Monsieur le professeur Gloesener ,

» J'ai suivi attentivement les expériences que vous avez faites ces jours
» derniers sur les fils télégraphiques de Paris à Dieppe, aller et retour
» (circuit d'environ 450 kil.)

» Il résulte pour moi de ces essais que le renversement du sens du cou-
» rant à chaque émission augmente la netteté des signaux, et, par suite,
» permet de les produire avec une vitesse plus grande que celle qu'on
» pourrait atteindre en interrompant simplement un courant de même
» nom.

» Ce système, dont vous êtes l'auteur, offrirait l'immense avantage
» d'accroître le rendement du fil.

» J'espère qu'après l'avoir appliqué à l'appareil à cadran , vous pourrez
» aussi en faire profiter l'appareil Morse.

» Veuillez agréer, Monsieur, l'expression de mes sentiments les plus dis-
» tingués.

» *(Signé)* **CLÉRAC.** »

Direction générale des lignes télégraphiques.

—

« Je soussigné, Alphonse Joly, agent spécial chargé de la réception des
» appareils télégraphiques à l'Administration des lignes télégraphiques,
» au Ministère de l'Intérieur, rue de Grenelle, n° 103, déclare avec beau-
» coup de plaisir que j'ai fait, conjointement avec M. Gloesener, et le chef
» surveillant préposé à l'installation des fils, plusieurs expériences les 16,
» 17, 18, 19, 20 et 21 septembre, sur la ligne de Dieppe (aller et retour)
» (450 kilomètres de huit à dix heures du soir chaque fois, et que nous
» avons renversé tantôt alternativement le courant et que tantôt nous
» l'avons interrompu, et qu'en le renversant nous avons constaté avec cer-
» titude que les signaux étaient plus nets, plus uniformes et aussi plus
» nombreux dans un temps donné, que si nous l'interrompions successive-
» ment.

» Paris, le 26 septembre 1867.

» *(Signé)* Alp. JOLY. »

LISTE

DES APPAREILS DIVERS A RENVERSEMENT ALTERNATIF DU COURANT DANS LES ÉLECTRO-AIMANTS IMAGINÉS OU PERFECTIONNÉS PAR L'AUTEUR (1).

—

1. Moulinet horizontal. Voir p. 5.

2. Moulinet et boussole électro-dynamiques. Voir p. 6.

3. — — électro-magnétiques verticaux. Voir p. 6.

4. Modèle d'électro-moteur à interruption, p. 8.

5. — — à deux électro-aimants mobiles et à deux aimants fixes, p. 8.

6. Modèle d'électro-moteur à électro-aimant mobile et à aimant fixe, p. 8.

7. Modèle d'électro-moteur à trois aimants fixes et à trois électro-aimants mobiles, p. 10.

8. Modèle d'électro-moteur à six électro-aimants fixes et à six électro-aimants mobiles, p. 11.

9. Seize modèles de dispositions propres à renverser le courant. Voir pp. 23 à 29.

23. Appareil supprimant le ressort antagoniste et ses inconvénients. Cet appareil, construit dans de grandes dimensions, constituerait un excellent électro-moteur. Il est décrit dans une note adressée à l'Institut de France (Académie des sciences) en mars 1848. Voir le *Traité de télégraphie* de M. l'abbé Moigno, p. 572, Paris 1849, et mes *Recherches télégraphiques*, p. 5.

24. Télégraphe avec multiplicateur à trois aiguilles. Voir *idem*, p. 35, pl. V, fig. 1.

25. Télégraphe avec multiplicateur à trois aiguilles et à un seul électro-aimant. Voir *idem*. Je suis le premier qui ait employé trois aiguilles dans les galvanomètres pour augmenter leur force.

26. Télégraphe avec multiplicateur à trois aiguilles et à deux électro-aimants. Voir *idem*.

27. Télégraphe à aiguille avec deux électro-aimants et armature aimantée. J'ai employé, *le premier*, les électro-aimants à la place d'un multiplicateur, dans le système des télégraphes à aiguille (système anglais); il fonctionne avec renversement et avec interruption du courant à volonté. Voir *idem*, p. 55 et mon *Traité général*, p. 94 (1).

28. Télégraphe à cadran dans lequel l'aiguille indicatrice peut avancer, rétrograder et osciller à volonté. Pour faire avancer l'aiguille, on interrompt le courant successivement; pour la faire rétrograder, on renverse le courant. Voir *idem*, p. 58, pl. VI, fig. 1 et pl. VI, fig. 2.

29. Télégraphe dont le récepteur porte sur trois circonférences les lettres alphabétiques. Les lettres de la deuxième circonférence sont indiquées par un coup de sonnerie et celles de la troisième circonférence par deux coups. L'aiguille avance successivement lorsqu'on interrompt le courant, et lorsqu'on renverse le courant la sonnette résonne. La vitesse de transmission est très-grande. Voir *idem*, p. 42, pl. VII, fig. 1 et 2.

30. Télégraphe synchrone. Le courant y est renversé. Voir *idem*, p. 45, pl. VIII, fig. 1.

31. Télégraphe à cadran avec lettres, mû par un mouvement d'horlogerie, avec touches de clavier, fonctionnant avec renversement alternatif du courant, sans ressort antagoniste. Voir *idem*, p. 57, pl. X, fig. 1, 2, 3 et pl. I, fig. 1.

32. Télégraphe écrivant à l'encre sans relais et sans ressort antagoniste avec renversement alternatif du courant. Le transmetteur de l'appareil est décrit : Voir *idem*, p. 61, pl. XI, fig. 3, 4, 5 et 6 et mon *Traité général*, p. 147, pl. VI, fig. 5 et fig. 5 *bis*.

Le second transmetteur très-convenable est décrit pp. 149 et 150, pl. II, fig. 1. Le récepteur est décrit p. 150, pl. VII, fig. 1.

(1) Voir aussi ma brochure sur *le Télégraphe à aiguille perfectionné*. Liége, 1857.

33. Translateur. Ce translateur renverse alternativement le courant d'une batterie locale et le transmet dans un appareil d'une station éloignée. C'est, à ma connaissance, *le premier translateur qui renverse le courant.* Voir *idem*, p. 75 et mon *Traité général,* p. 208, pl. VII, fig. 6.

34. Relais renversant alternativement ou au bout d'un certain temps, le courant d'une pile locale. Voir *idem*, pp. 77 et suivantes, pl. VI, fig. 8 et 9.

35. Télégraphe chimique. Il écrit avec une plume et même avec deux plumes sur la même ligne, par conséquent il écrit double et aussi sans pile locale. Dans les deux cas, il écrit avec renversement alternatif du courant. Voir *idem*, p. 102.

En y ajoutant deux organes, cet appareil est tel que celui qui m'a servi dans mes expériences.

36. Horloge sans pile. Elle fonctionne avec un courant magnéto-électrique et est décrite dans une note adressée à l'Institut de France (Académie des sciences), au mois de mars 1848. Elle est *la première horloge* qui soit basée sur l'action des courants magnéto-électriques et donne les heures, les minutes et les secondes. Elle a fonctionné à l'Université de Liége en 1846. Voir mes *Recherches sur la télégraphie électrique* et le *Traité de télégraphie électrique* de M. l'abbé Moigno, Paris, 1849.

37. Seconde horloge magnéto-électrique construite en procédant de la même manière que dans la première. Elle donne les heures, les minutes et les secondes. Voir le *Traité de télégraphie* de M. l'abbé Moigno, p. 370. Paris, 1849.

38. Pendule magnéto-électrique. Le courant y est alternativement renversé. Voir mes *Recherches sur la télégraphie*, pp. 3 et suivantes, pl. XI, fig. 2.

39. Pendule fonctionnant à l'aide d'un courant voltaïque (1846). Je l'ai perfectionné depuis. Le mouvement du balancier est entretenu par deux électro-aimants ou par un seul, avec un léger aimant qui peut aussi être un barreau de fer fixé sur la tige ou lentille du balancier. Je suis, je crois, *le premier* qui ait construit un pendule avec une disposition semblable. Voir *idem*, pp. 113 et suivantes, pl. XI, fig. 12.

40. Horloge électrique sous forme de pendule et recevant le mouvement d'un pendule à courant voltaïque. Elle a marché pendant plusieurs années à l'Université de Liége.

41. Télégraphes à clavier avec lettres (poste complet).

42. Pendule-type sans poids, marchant par le courant voltaïque. Cet appareil a marché à l'Université de Liége.

43. Nouveau télégraphe magnéto-électrique avec lettres alphabétiques. Voir *Traité de télégraphie* de M. l'abbé Moigno, p. 371, Paris, 1849.

44. Transmetteur simultané des mêmes dépêches dans deux ou même dans plusieurs directions différentes. Voir *id.*, p. id.

45. Télégraphe écrivant *double* sur deux lignes parallèles, à l'aide d'un courant direct et du même courant inverse. Il ne contient que les organes indispensables pour constituer un télégraphe simple. Voir mes *Recherches sur la télégraphie*, pp. 71 et suivantes.

46. Relais d'une grande sensibilité pouvant servir de translateur télégraphique sans modification et renversant le courant soit alternativement au bout d'un certain temps, soit au bout d'un autre temps plus court ou plus long. Voir *id.*, pp. 77 et suivantes, pl. XI, fig. 8, et p. 79, pl. XI, fig. 9.

47. Autre relais d'une construction différente, également fort sensible.

48. Télégraphes avec lettres sans ressort antagoniste, avec manipulateur conduit à la main ou aussi un manipulateur à clavier mù par un mouvement d'horlogerie. Voir *id.*, p. 61 pl. X, fig. 1, 4, et pl. X*bis*, fig. 2, 5, 5.

49. Télégraphes à trois aiguilles avec deux électro-aimants (poste complet).

50. Système de récepteur, où la palette aimantée est remplacée par une palette de fer qui est un électro-aimant par la bobine fixe qui l'entoure. Voir mon *Traité général des applications de l'électricité*, p. 85, pl. IX.

51. Télégraphe à deux aiguilles formant un système astatique avec une seule aiguille indicatrice. Voir *idem*, pp. 97 et suivantes, pl. I, fig. 1 et 2.

52. Boussole électro-magnétique pour les communications directes. Voir *idem*, p. 99, pl. II, fig. 5.

53. Télégraphe à deux aiguilles, avec deux aiguilles indicatrices exigeant deux fils de ligne, et muni d'une boussole électro-magnétique pour les communications directes. Voir *idem*, p. 99, pl. VIII, fig. 4.

54. Télégraphes sans multiplicateurs construits avec deux électro-aimants chacun. Le courant y est interrompu et renversé, mais non alternativement. Voir *idem*, p. 99, pl. I, fig. 3 et 4.

55. Télégraphe électro-magnétique construit avec un seul électro-aimant et deux aiguilles aimantées fixées en croix sur un axe horizontal. Cet appareil est excessivement sensible et est muni d'une boussole électro-magnétique. Voir *idem*, p. 99, pl. II, fig. 1.

56. Autre appareil construit avec un seul électro-aimant et une aiguille. Voir *idem*, p. 99 et suivantes.

57. Télégraphe qui gaufre les signaux. Cet appareil est à peu près le même que le précédent, sauf qu'à la molette qui écrit on substitue une pointe sèche et qu'on se procure la force nécessaire pour gaufrer les signaux avec un mouvement d'horlogerie. Voir *idem*, p. 145, le récepteur, pl. VIII, fig. 1 et 2, le manipulateur, pl. V, fig. 5 et 6.

58. Télégraphes avec lettres sans ressort antagoniste ou de rappel, avec ou sans clavier. Voir *idem*, p. 111. Voir le récepteur, *idem*, pl. IV, fig. 8 et 8bis; et le transmetteur ou manipulateur, *idem*, p. 112, pl. III, fig. 1.

59. Second translateur. Voir *idem*, p. 113, pl. V, fig. 2.

60. Pendule-régulateur à commutateur électrique.

61. Horloge électrique à palette aimantée.

62. Horloge électrique à disposition mécanique différente.

63. Horloge électrique, troisième disposition différente.

64. Télégraphe à cadran. Voir mon *Traité général* pour le manipulateur ou transmetteur, p. 112, pl. IV, fig. 6; et le récepteur, pl. IV, fig. 8, et pl. IX, fig. 1 et 2.

Le même télégraphe est muni, à l'armature de son récepteur,

d'un levier armé d'une molette; en se servant d'un levier-clef comme manipulateur, on aura un télégraphe à écrire.

65. Télégraphe enregistreur. Voir *idem*, p. 156, pl. IX, fig. 11, pour le récepteur, et pour le transmetteur on prend celui indiqué page 112.

66. Télégraphes écrivant avec deux molettes ou plumes alternativement avec le renversement alternatif du courant et armature aimantée. Voir *idem*, p. 165, pl. IX, fig. 8. On prend pour transmetteur un levier-clef d'un autre télégraphe.

67. Translateur adapté au récepteur du système Morse. Ce translateur renverse alternativement le courant de la batterie locale. Voir *idem*, p. 216, pl. XIV, fig. 2.

68. Deuxième translateur renversant alternativement en sens contraire dans la batterie locale. Voir *idem*, p. 220, pl. XI, fig. 3.

69. Troisième translateur, p. 222, pl. XII, fig. 1.

70. Quatrième translateur. Voir *idem*, pl. X, fig. 5 et fig. 6.

71. Modification dans la construction des sonneries employées dans l'économie domestique et industrielle. Voir *idem*, p. 344.

72. Chronographe électro-magnétique fonctionnant avec le renversant alternatif du courant dans les électro-aimants. Voir *idem*, p. 378.

73. Disposition du télégraphe à deux plumes pour fonctionner simultanément ou séparément comme translateur ou enregistreur.

74 *. Télégraphe circulaire à clavier fonctionnant avec renversement alternatif du courant.

75 *. Télégraphe à écrire sous-marin et continental, d'une trèsgrande sensibilité; il *écrit pour la première fois au moyen d'un multiplicateur*, sa vitesse est double par l'emploi de deux molettes et l'on peut, sur les lignes continentales, le mettre en correspondance avec les télégraphes à écrire ordinaires à une plume ou substituer au même appareil un électro-aimant ou multiplicateur (il écrit aussi en translation et sa marche est plus sûre, plus rapide et plus économique).

76 *. Disposition d'électro-aimant à double molette pour écrire sur deux lignes parallèles.

77 *. Télégraphes à aiguille (poste complet); une fois réglés, ils le sont une fois pour toutes et n'ont plus jamais besoin d'être réaimantés.

78. Horloge électrique.

79. Autre disposition d'horloge électrique.

80 *. Troisième disposition d'horloge électrique.

81. Quatrième disposition d'horloge électrique.

82. Cinquième disposition d'horloge électrique.

83 *. Commutateur à mercure pour plusieurs directions.

84. Commutateur à platine également pour plusieurs directions.

85. Multiplicateurs-enregistreurs doubles à trois aiguilles.

86. Multiplicateurs-enregistreurs triples à trois aiguilles.

87. Application du renversement du courant à une horloge à ressort antagoniste. Résultat curieux obtenu.

88. Distributeur du courant électrique.

89. Nouveau télégraphe à écrire sous-marin avec électro-aimants à noyaux des fils de fer isolés entre eux.

90. Électro-galvanomètre.

Nota. — Je ne puis livrer ces pages à l'impression sans donner à mes lecteurs deux mots d'explication sur les conditions malheureuses dans lesquelles se sont trouvés, à l'Exposition universelle de Paris, en 1867, ceux de mes appareils précédés d'un astérisque (*) qui y représentaient mon Principe du Renversement du Courant.

Une caisse ayant été égarée par la Commission belge, pendant plus de trois mois, ces appareils n'ont pu être exposés convenablement et ne l'ont été qu'après avoir subi des réparations indispensables, c'est-à-dire pendant les derniers temps de l'Exposition et lorsque le jury international n'existait plus. Aucun juré belge, d'ailleurs, n'était attaché aux classes où j'exposais. -- C'est donc uniquement à l'estime et à la considération des hommes éminents que j'ai été assez heureux de rencontrer à cette date avancée que je dois tout un dossier de rapports, d'appréciations et de réclamations qui me prouve que, sans ces circonstances, auxquelles je suis complétement étranger, j'eusse pu rapporter à mon pays l'hommage d'un succès non moins important que celui obtenu aux Expositions précédentes. — Plus de quarante appareils se trouvaient perfectionnés à cette même Exposition par l'application du Principe que j'ai découvert.

TABLE DES MATIÈRES.

Section IV.

Section V.